孔氏家語

〔三國魏〕王肅　注

齊魯書社
·濟南·

圖書在版編目（CIP）數據

孔氏家語 / (三國魏) 王肅注. -- 濟南 : 齊魯書社, 2024. 9. -- (《儒典》精粹). -- ISBN 978-7-5333-4921-9

Ⅰ. B222.02

中國國家版本館CIP數據核字第2024QC0133號

責任編輯　劉　强　馬素雅
裝幀設計　亓旭欣

孔氏家語

KONGSHI JIAYU

〔三國魏〕王肅　注

主管單位	山東出版傳媒股份有限公司
出版發行	齊魯書社
社　　址	濟南市市中區舜耕路517號
郵　　編	250003
網　　址	www.qlss.com.cn
電子郵箱	qilupress@126.com
營銷中心	（0531）82098521　82098519　82098517
印　　刷	山東臨沂新華印刷物流集團有限責任公司
開　　本	880mm × 1230mm　1/32
印　　張	15.75
插　　頁	2
版　　次	2024年9月第1版
印　　次	2024年9月第1次印刷
標準書號	ISBN 978-7-5333-4921-9
定　　價	128.00圓

《〈儒典〉精粹》出版説明

《儒典》是對儒家經典的一次精選和萃編，集合了儒學著作的優良版本，展示了儒學發展的歷史脉絡。其中，《義理典》《志傳典》共收録六十九種元典，由齊魯書社出版。鑒於《儒典》采用套書和綫裝的形式，部頭大，價格高，不便於購買和日常使用，我們决定以《〈儒典〉精粹》爲叢書名，推出系列精裝單行本。

叢書約請古典文獻學領域的專家學者精選書目，并爲每種書撰寫解題，介紹作者生平、内容、版本流傳等情况，文簡義豐。叢書共三十三種，主要包括儒學研究的代表性專著和儒學人物的師承傳記兩大類。版本珍稀，不乏宋元善本。對於版心偏大者，適度縮小。爲便於檢索，另編排目録。不足之處，敬請讀者朋友批評指正。

齊魯書社

二〇二四年八月

《〈儒典〉精粹》書目（三十三種三十四册）

孔氏家語	荀子集解	孔叢子
春秋繁露	春秋繁露義證	鹽鐵論
新序	揚子法言	白虎通德論
潛夫論	中說	太極圖說　通書
龜山先生語録	張子語録	傳習録
張子正蒙注	先聖大訓	近思録
四存編	孔氏家儀	帝範
帝學	温公家範	文公家禮
聖門禮樂誌	東家雜記	孔氏祖庭廣記
伊洛淵源録	伊洛淵源續録	國朝漢學師承記
國朝宋學淵源記	孔子編年	孟子年表

解題

孔氏家語十卷，三國魏王肅注，清光緒上海啓新書局影印宋蜀刻本

王肅字子雍，東海蘭陵（今山東蘭陵）人，漢獻帝興平二年（一九五）生，魏高貴鄉公甘露元年（二五六）卒，年六十二歲，王朗之子。年十八，從宋忠學《太玄》，更爲《太玄》作解。黄初中爲散騎黄門郎，後以常侍領秘書監，兼崇文館祭酒，官至中領軍，加散騎常侍。卒贈衛將軍，謚景侯。王肅治學篤好賈逵、馬融的學説，而不喜鄭玄。爲《尚書》、《詩》、《論語》、『三禮』、《左傳》作解，撰定其父王朗所作《易傳》，當時均列爲學官，世稱『王學』。南北朝時期經學有南學、北學之分，北學主鄭玄，南學宗王肅。傳見《三國志·魏書·王朗傳》。

《孔子家語》一書，自明人何孟春疑此書爲王肅所僞作後，清儒多襲何氏之説。王柏《家語考》、范家相《家語證訛》、孫志祖《家語疏證》、陳士珂《孔子家語疏證》、丁晏《尚書餘論》等，皆定爲王肅僞撰。今天以出土材料考之，《孔子家語》可能很早即有流傳，遺

文軼事往往多見其中，所據材料當皆有來源，不能盡以『僞書』目之。宋朱熹即提出《孔子家語》一書祇是王肅編古録雜記，其書雖多疵，然非王肅所作，雖記得不純，却是當時事。其後宋代學者黄震也認爲，孔子之言，散見於經書及諸子百家，轉相記聞，幾有毫厘千里之謬，篇中似尚有可疑處，蓋傳聞异辭，述所傳聞又异辭，其間記載不同，亦無足怪。有人竟疑此書爲漢人僞托，此又不然。然盡信爲聖人之言，則亦泥古太甚。去聖已遠，何從質證。

《孔子家語》以虞山毛氏汲古閣所藏宋蜀刻大字本爲善。此宋蜀刻大字本於同治初爲蕭穆所得，清光緒時轉歸貴池劉世珩，劉氏於清光緒二十四年（一八九八）影刻行世。宋蜀刻原本，於民國七年（一九一八）在浦口客棧被焚毁。自此，宋刻原本已不存，貴池劉氏影刻本成了留存宋本面貌的重要文本，備受重視。然在劉氏影刻本之前，光緒初上海同文書局、啟新書局即有影印本，較貴池劉氏影刻本爲先。因爲是石印本，學者多所忽視，故利用者甚少。今即據清光緒上海啟新書局影印宋蜀刻大字本影印。

李振聚

目録

孔氏家語卷第八

孔氏家語卷第九

孔氏家語卷第十

新增全圖孔子家語

上海啟新書局印行

卷一之二

魏王肅註　内府藏本

孔子家語

上海啟新書局石印

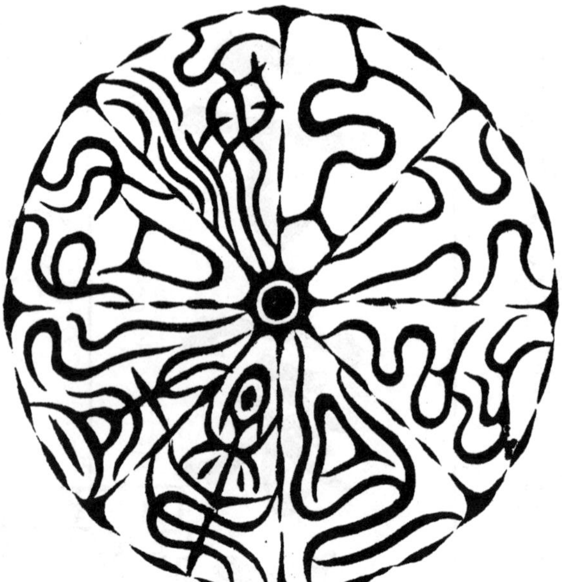

孔子家語十卷

魏王肅註肅字子雍東海人官至中領軍散騎常侍事跡具三國志本傳是書肅自序云鄭氏學行五十載矣義理不安違錯者多是以奪而易之孔子二十二世孫有孔猛者家有其先人之書昔相從學頃還家方取以來與余所論有若重規疊矩云云是此本自肅始傳也考漢書藝文志有孔子家語二十七卷顔師古注云非今所有家語禮樂記稱舜彈五絃之琴以歌南風鄭注其詞未聞孔穎

達疏載肅作聖證論引家語阜財解愠之詩以難康成又載馬昭之説謂家語王肅所增加非鄭所見故王柏家語考曰四十四篇之家語乃王肅自取左傳國語荀孟二戴記割裂織成之孔衍之序亦王肅自為也獨史繩祖學齋佔畢曰大戴一書雖列之十四經然其書大抵雜取家語之書分析而為篇目其公冠篇載成王冠祝辭内有先帝及陛下字周初豈曾有此家語止稱王字當以家語為正云云今考陛下離顯先帝之光曜已下篇

内已明云孝昭冠辭繩祖誤連為祝雍之言殊未之考蓋王肅襲取公冠篇為冠頌已誤合孝昭冠辭於成王冠辭故删去先帝陛下字竄改王字家語襲大戴非大戴襲家語就此一條亦其明證其割裂他書亦往往類此反覆考證其出於肅手無疑特其流傳既久且遺文軼事往往多見於其中故自唐以來知其偽而不能廢也其書至明代傳本頗稀故何孟春所註家語自云未見王肅本王鏊震澤長語亦稱家語今本為近世妄庸所删

削惟有王肅註者今本所無多具焉則亦僅見之也明代所傳凡二本閩徐𤊹家本中缺二十餘頁海虞毛晉家本稍異而首尾完全今徐本不知存佚此本則毛晉所校刋較之坊刻猶爲近古者矣

至聖先師孔子像

篇目

卷第三

卷第四

卷第五

困誓　五帝德

卷第六

五帝　執轡

本命解　論禮

卷第七

觀鄉射　郊問

五刑解　刑政

禮運

卷第八

先聖圖像

親禱尼丘

麟吐玉書

聖人降生

戲陳俎豆

昭公賜鯉

為委吏糧

禮誘仲由

學琴師襄

問禮老聃

誅少正卯

厄於陳蔡

刪述六經

感麟絕筆

孔氏家語卷第一

王肅注

相魯第一

孔子初仕爲中都宰（中都魯邑名）制爲養生送死之節長幼異食（如禮五十異糧六十至九十食各以漸加異也）強弱異任（任謂力作之事各從所任不用弱也）男女別塗路無拾遺器不彫僞（不彫僞無文節不詐僞巳上養生之節）爲四寸之棺五寸之椁（以木爲之）因丘陵爲墳不封（不聚土起坟）不樹（不植松柏巳上送死之節）行之一季而西方之諸侯則焉（魯國在東故西方諸侯皆則之）定公謂孔子曰學子

此法魯國何如

孔子對曰雖天下可乎何但魯國而已哉於是二季定公以爲司空乃別五土之性五土一曰山林二曰川澤三曰丘陵四曰墳衍五曰原隰而物各得其所生之宜所生之物各宜其性咸得厥所先時季氏葬昭公于墓道之南季平子逐昭公死于乾侯平子別而葬之貶之不令近先公也孔子溝而合諸墓焉謂季桓子曰桓子平子之子貶君以彰己罪非禮也今合之所以掩夫子之不臣由司空爲魯大司寇設法而不用無姦民

定公與齊侯會于夾谷孔子攝相事曰臣聞有文事者必有武備有武事者必有文備古者諸侯竝出疆必具官以從請具左右司馬定公從之至會所爲壇土階三等以遇禮相見會遇之禮禮之簡略者也揖讓而登獻酢既畢齊使萊人哀公六季齊滅萊以兵鼓譟譟子紺切劫定公萊人齊之東夷擂鼓曰譟孔子歷階而進以公退曰士以兵之吾兩君爲好裔夷之俘敢以兵亂之裔邊裔夷夷狄俘軍所獲虜言此三者何敢以兵亂兩君之好也非齊君所以命諸侯也裔不謀夏夷不亂華華夏中國之名俘

不干盟兵不偪好於神（盟誓之神）爲不祥於德爲愆（愆怨同）義於人爲失禮君必不然齊侯心怍麾而避之有頃齊奏宮中之樂俳優侏儒戲於前孔子趨進歷階而上不盡一等曰匹夫熒（熒闇而惑也○烏迴切）侮諸侯者罪應誅請右司馬速加刑焉於是斬侏儒手足異處齊侯懼有慙色將盟齊人加載書曰齊師出境而不以兵車三百乘從我者有如此盟孔子使茲無還（魯大夫名）對曰而不返我汶陽之田（齊有汶陽田本魯界）吾以共命者亦

如之齊侯將設享禮孔子謂梁丘據曰齊魯之故（故舊典也）吾子何不聞焉（梁丘據舊聞齊魯之故事者）事既成矣而又享之是勤執事且犧象（象似兩切）不出門（犧象罇名）嘉樂不野合享而既具是棄禮也若其不具是用粃粺也（粃穀之不成者粺草之似穀者言享不備禮也）用粃粺辱君棄禮名惡子盍圖之夫享所以昭德也不昭不如其已乃不果享齊侯歸責其羣臣曰魯以君子道輔其君而子獨以夷翟道教寡人使得罪於是乃歸所侵魯之四邑及汶陽之田（四邑鄆讙龜陰也汶陽在魯界）

按春秋傳及史記鄆讙龜陰爲三邑今讙亭龜山及鄆皆在汶北豈併汶而言之乎

孔子言於定公曰家不藏甲卿大夫稱家甲鎧也邑無百雉之城高丈長丈曰堵三堵曰雉古之制也今三家過制三家魯大夫皆桓公之後孟孫懿子何忌慶父後叔孫州仇叔牙後季孫斯季友後請皆損之乃使季氏宰仲由隳三都三都費郈成也季孫叔孫孟孫之邑時叔孫州仇先隳郈叔孫輒以庶子故不得意於季氏因費宰公山弗擾率費人以襲魯季孫斯將隳費費宰公山弗擾與叔孫輒帥費人以襲魯孔子以公定公入與季孫斯仲孫孟襄子弟何忌叔孫州仇入於費氏之宮登武子之臺季孫宿所築臺費人攻之及公之臺側孔子

命申句音劬須樂頎音祈勒士衆下伐之費人北敗諸姑蔑二字乃隳費遂隳三都之城強公室弱私家尊君卑臣政化大行按春秋傳將隳成公斂處父謂孟孫曰成孟氏之保障也隳成齊人必至于北門無成是無孟氏也子僞不知我將不隳公圍成弗克

初魯之販羊有沈猶氏者常朝飲其羊飽之以詐欺也市人有公慎氏者妻淫不制有慎潰氏者奢侈踰法魯之鬻六畜者飾之以儲價及孔子之爲政也則沈猶氏不敢朝飲其羊公慎氏出其妻慎潰氏越境而徙三月則鬻牛

馬者不儲價賣羔豚者不加飾男女行者別其塗道不拾遺男尚忠信女尚貞順四方客至於邑者不求有司有司常共其職客不求而有司焉皆如歸焉言如歸家無所也

始誅第二

孔子爲魯司寇攝行相事有喜色仲由問曰由聞君子禍至不懼福至不喜今夫子得位而喜何也孔子曰然有是言也不曰樂以貴下人乎於是朝政聽朝政七日而誅亂政大夫少

正（官）卯（名）戮之於兩觀之下（兩觀闕名）尸於朝三日子貢進曰夫少正卯魯之聞人也今夫子爲政而始誅之或者爲失乎孔子曰居吾語女（忍與切）以其故天下有大惡者五而竊盜不與焉一曰心逆而險二曰行辟（匹亦切）而堅三曰言僞而辯四曰記醜（醜謂非義）而博五曰順非而澤此五者有一於人則不免君子之誅而少正卯皆兼有之其居處足以撮（撮聚也側九反）徒成黨其談說足以飾褒瑩（惑也烏迴切）衆其強禦足以返是獨

立此乃人之姦雄者也不可以不除夫殷湯誅尹諧（一作蠋沐）文王（一作太公）誅潘正（一作潘阯）周公誅管蔡太公誅華士（士之爲人虛僞亦聚黨也）管仲誅付乙（一作附里）子產誅史何（一作鄧析）凡此七子皆異世而同誅者以七子異世而同惡故不可赦也詩云憂心悄悄慍于羣小小人成羣斯足憂矣

孔子爲魯大司寇有父子訟者夫子同狴（狴獄牢也狴犴胡犬也善守故以名獄○狴部禮反）執之三月不別（謂辯決其子罪）其父請止夫子赦之焉季孫聞之不說曰司寇欺余

曩告余曰國家必先以孝余今戮一不孝以教民孝不亦可乎而又赦何哉冉有以告孔子孔子喟然歎曰嗚呼上失其道而殺其下非理也不教以孝而聽其獄是殺不辜三軍大敗不可斬也獄犴不治不可刑也何者上教之不行罪不在民故也夫慢令謹（嚴也）誅賊也徵斂無時暴也不試則成虐也故無此三者然後刑可即也書云義刑義殺勿庸以即汝心惟曰未有慎事言必教而刑也（言刑殺皆當以義勿）

（用以就汝心之所安又當猶自謂未有使人可順守之事且陳道德以服之以無刑殺而後爲順是先教後刑也）陳道德以先服之而猶不可尚賢以勸之又不可即廢之（荀子作廢不能以單之單盡也謂黜削也）又不可而後以威憚之若是三秊而百姓正矣其有邪民不從化者然後待之以刑則民咸知罪矣詩云天子是毗俾民不迷（毗輔也俾使也言師尹毗輔天子使民不迷也）是以威厲而不試刑錯而不用今世則不然亂其教繁其刑使民迷惑而陷焉又從而制之故刑彌繁而盜不勝也夫三尺之限（一作岸）空車不能

登者何哉峻故也百仞之山重載陟焉何哉陵遲故也陵遲猶陂陀也今世俗之陵遲久矣雖有刑法民能勿踰乎

王言解第三

孔子閒居曾參侍孔子曰參乎今之君子唯士與大夫言聞也至於君子之言者希也於乎吾以王言之其出不戶牖而化天下曾子起下席而對曰敢問何謂王者言孔子不應曾子曰侍夫子之閒也難大戴禮作得夫子之閒也難是以敢

問孔子又不應曾子肅然而懼摳衣而退負負倚也席而立有頃孔子歎息顧謂曾子曰參女可語明王之道

曾子曰非敢以爲足請因所聞而學焉子曰居吾語女夫道者所以明德也德者所以尊道也是以非德道不尊非道德不明雖有國之良馬不以其道服乘之不可以取取趣也千木切道里雖有博地衆民不以其道治之不可以致霸王是故昔者明王內修七教外行三至七

教修然後可以守三至行然後可以征明王之道其守也則必折衝千里之外其征也則必還師衽席之上故曰內修七教而上不勞外行三至而財不費此之謂明王之道也曾子曰不勞不費之謂明王可得聞乎孔子曰昔者帝舜左禹而右皐陶不下席而天下治夫如此何上之勞乎政之不中君之患也令之不行臣之罪也若乃十一而稅用民之力歲不過三日入山澤以其時而無征關譏市鄽皆

不收賦（譏呵也譏異服異言及市鄽皆不賦稅古之法也）此則生財之路而明王節之何財之費乎曾子曰敢問何謂七教孔子曰上敬老則下益孝上尊齒則下益弟上樂施（式至切）則下益寬上親賢則下擇友上好德則下不隱上惡貪則下恥爭上廉讓則下恥節此之謂七教七教者治民之本也政教定則本正矣凡上者民之表也表正則何物不正是故人君先立仁於己然後大夫忠而士信民敦俗樸（樸愨愿貌）男愨而女貞六者教之

致也布諸天下四方而不窕薄也納諸尋常之室而不塞窒也等之等之齊之也以禮立之以義行之以順則民之棄惡如湯之灌雪焉曾子曰道則至矣弟子不足以明之孔子曰參以爲姑止乎又有焉昔者明王之治民也法必裂地以封之分屬以理之然後賢民無所隱暴民無所伏使有司日省而時考之進用賢良退貶不肖則賢者說而不肖者懼哀鰥寡養孤獨恤貧窮誘孝弟選才能此七者修則四海

之內無刑民矣上之親下如手足之於腹心下之親上如幼子之於慈母矣上下相親如此故令則從施則刑民懷其德近者說服遠者來附政之致也夫布指知寸布手知尺舒肘知尋斯不遠之則也周制三百步爲里千步而井三井而埒（封道曰埒淮南子曰道有行埒又堤也盧拙反）埒三而矩（此說里數不可以言井井自方里之名疑誤）五十里而都封百里而有國乃爲稸積資聚焉恤行者有無是以蠻夷諸夏雖衣冠不同言語不合莫不來賓故

曰無市而民不乏無刑而民不亂田獵罩弋罩魚籠弋繳射也。罩陟教切非以盈宮室爲祭與養也徵斂百姓非以盈府庫也備人倫養君子慘怛以補不足禮節以損有餘多信而寡貌其禮可守其言可復其跡可履如飢而食如渴而飲民之信之如寒暑之必驗故視遠若邇非道邇也見明德也是故兵革不動而威用利不施而親此之謂明王之守折衝千里之外者也曾子曰敢問何謂三至孔子曰至禮不讓而天下治至賞不費而天下士說至樂無聲而天下民和明王篤行三至故天下之君可得而知天下之士可得而臣天下之民可得而用曾子曰敢問此義何謂孔子曰古者明王必盡知天下良士之名（如周禮大司徒教萬民而賓興鄉大夫考其禮藝獻賢能於王王受而登之天府是也。切）既知其名又知其實（按周禮鄉論其秀士外之司徒而大樂正大司馬以次辯論其官材進其士之賢者以告於王而定其論是也）又知其數（如列侯郡守二千石各擇其吏民之賢者歲舉二人又如郡國口二萬以上歲舉二人口自二萬以至百萬所舉自一人以至五人各有差是也）及其所在焉（列侯郡守各以其鄉）然後因天下之爵以尊之此之謂至禮不讓而天下治因天下之祿以富天下之士此之謂至賞不費而天下之士說如此則天下之名譽興焉此之謂至樂無聲而天下之民和故曰所謂天下之至仁者能合天下之至親也所謂天下之明者能舉天下之至賢者也（疑有闕）此三者咸通然後可以征是故仁者莫大乎愛人智者莫大乎知賢賢政者莫大乎官能有土之君修此三者則四海之內共命而已矣夫明王之征必道之所廢者也是故誅其君而

改其政弔其民而不奪其財故明王之政猶時雨之降降至則民說矣是故行施彌博得親彌衆此之謂還師衽席之上（言安安而無憂也）

大昏解第四

孔子侍坐於哀公公曰敢問人道孰爲大孔子愀（變色貌七小切）然作色而對曰君之及此言也百姓之惠也固（與後寡人實固之固同陋也）臣敢無辭而對人道政爲大夫政者正也君爲正則百姓從而正矣君之所爲百姓之從君不爲正百姓何所

從乎公曰敢問爲政如之何
孔子對曰夫婦別男女親君臣信三者正則庶物（物猶事也）從之公曰寡人雖無能也願如所以行三者之道可得聞乎孔子對曰古之爲政愛人爲大所以治愛人禮爲大所以治禮敬爲大敬之至矣大昏爲大（禮以敬爲至敬以昏爲至）大昏至矣大昏既至冕而親迎親迎者敬之也（雖天子諸侯皆冕而親迎）是故君子興敬爲親捨敬則是遺親也弗親弗敬弗尊也愛與敬其政之本與公曰寡人

願有言也然冕而親迎不已重乎孔子愀然作色而對曰合二姓之好以繼先聖之後以爲天下宗廟社稷之主此自天子諸侯言之也主以長子言故下曰萬世之嗣也君何謂已重乎公曰寡人實固固猶鄙也謂以冕而親迎爲已重也不固安得聞此言乎寡人欲問不能爲辭請少進一下有教字

孔子曰天地不合萬物不生大昏萬世之嗣也君何謂已重焉孔子遂言曰內以治宗廟之禮足以配天地之神爲宗廟天地神之次出以治直言

之禮足以立上下之敬 夫婦正則始可以治正言之禮身正然後可以正人者也 物恥則足以振之 恥事不知禮足以振教之 國恥則足以興之 恥國不知禮足以興起之 故爲政先乎禮禮其政之本與孔子遂言曰三代明王必敬妻子也蓋有道焉妻也者親之主也 冕而親迎爲親主於內也 子也者親之後也 冠於阼階爲親傳其後也 敢不敬與是故君子無不敬敬也者敬身爲大身也者親之支也敢不敬與不敬其身是傷其親是傷其本也傷其本則支從之而亡三者百姓之象也 言百姓之所法而行 身以

及身子以及子妃以及妃君能修此三者則大化愾（至也又及也○黑一切）乎天下矣昔者大王之道也（大王出以姜女入亦姜女國無鰥民愛其身以及人之身愛其子以及人之子故曰大王之道也）如此國家順矣公曰敢問何謂敬身孔子對曰君子過言則民作辭過行則民作則（言行雖過民猶從之也）言不過辭動不過則百姓恭敬以從命若是則可謂能敬其身敬其身則能成其親矣公曰何謂成其親孔子對曰君子者人之成名也百姓與名謂之君子（猶言與之以君子之名也）則是成其

親爲君而爲其子也孔子遂言曰爲政而不能愛人則不能成其身不能成其身則不能安其土不能安其土則不能樂天（安土樂天易中盡性之事）（隨處皆安而無一息不仁安土也既知天命而又樂天理樂天也）不能樂天則不成其身公曰敢問何謂能成身孔子對曰夫其行己不過乎物謂之成身不過乎物合天道也（合物理之當然）公曰君子何貴乎天道也孔子曰貴其不已也如日月東西相從而不已也是天道也不閉而能久（不閉故常通而能久言無極也）是天道也無爲

而物成是天道也已成而明之無爲雖若難名有成功則昭著也

是天道也公曰寡人且愚冥眉兵切幸煩子志之

心也欲煩孔子識識其心所能行也孔子蹵然不自安貌然避席而對曰仁

人不過乎物孝子不過乎親是故仁人之事

親也如事天事天如事親此謂孝子成身公

曰寡人既聞如此言也無如後罪何言寡過之難也孔

子對曰君之及此言是臣之福也

儒行解第五

孔子在衞冉求言於季孫曰國有聖人而不

能用欲以求治，是猶卻步而欲求及前人，不可得已。今孔子在衛，將用之，己己，己國也。有才而以資鄰國，難以言智也。請以重幣延之。季孫以告哀公，公從之。事在哀公十一年，孔子秊六十八矣。孔子既至舍，哀公館焉。就孔子舍。公自阼階，孔子賓階，升堂立侍。公曰：「夫子之服，其儒服與？」孔子對曰：「丘少居魯，衣逢掖之衣，深衣之褎大也。長居宋，冠章甫之冠。緇布爲之，禮冠也。丘聞之，君子之學也博，其服以鄉。隨其鄉俗。丘未知其爲儒服也。」言非所重。公曰：「敢問儒行。」孔子曰：「略言之則不能終其物物猶事也悉數之則留更僕未可以對留久也僕大僕君燕朝則正位掌擯相更爲之久將倦使之相代者也哀公命席孔子侍坐曰儒有席上之珍以待聘席藉也資也能藉先王之道以資政治也夙夜強學以待問懷忠信以待舉力行以待取忠信則可任力行則可使皆我自力以有待而不求焉其自立有如此者儒有衣冠中之仲切動作慎大讓如慢所以自抗故如慢而不敬小讓如僞所以致曲故如僞而不誠大則如威小則如媿大小以容貌言大則有所不可犯小則有所不敢爲難進而易退也粥粥若無能也其容貌有如此者儒有居處齊古文也莊皆切

難（慎重意　那壇切）其坐起恭敬，言必誠信，行必中正（敬也）道塗不爭險易之利，冬夏不爭陰陽之和（怨也）愛其死以有待也，養其身以有爲也（不爭近小以害遠大）其備預有如此者。儒有不寶金玉而忠信以爲寶，不祈（祈求也）土地而仁義以爲土地，不求多積而多文以爲富，難得而易祿也，易祿而難畜也。非時不見，不亦難得乎？非義不合，不亦難畜乎？先勞而後祿，不亦易祿乎？其近人情有如此者。儒有委之以貨財而不貪，淹之以樂（五教切）

好虛到切而不淫劫之以衆而不懼阻難也之以兵而不攝見利不虧其義見死不更其守鷙蟲攫搏不程其勇鷙猛摯也蟲疑即毛蟲羽蟲之蟲攫左手握也搏索持也程限量也引重鼎不程其力喻勇足以犯難力足以任重也往者不悔行必當理故不悔也來者不豫知足以應變故不預過言不再流言不極流言相毀知足以止之詎可窮乎不斷其威常嚴莊也不習其謀物來順應其特立有如此者儒有可親而不可劫強取也可近而不可迫可殺而不可辱其居處不過記作淫侈溢也其飲食不溽溽濃厚也其過失可微辯而不可面數也疏曰此句似尚氣好勝之

言於理未合其剛毅有如此者儒有忠信以爲甲冑禮義爲干櫓干楯櫓大戟也戴仁而行抱義而處雖有暴政不更其所其自立有如此者儒有一畝之宮環堵之室方丈曰堵一堵言其小篳門圭窬篳門編荊竹爲門也圭窬穿牆爲窬如圭也蓬戶甕牖以編蓬爲戶破甕爲牖也易衣而出更相易衣而後可出并日而食并一日之糧以爲一食也上荅荅合也之不敢以疑道合則信而就之不逆詐也上不荅不敢以諂不合則去不患失也其仕有如此者儒有今人以居古人以𥡴稽同今世行之後世以爲楷法也若不逢世上所不援下所不

推詭諂之民有比黨而危之者身可危也其志不可奪也雖危起居猶竟信其志乃不忘百姓之病也（身雖危而不行其志道雖塞而不忘其民）其憂思有如此者儒有博學而不窮（知新故不窮）篤行而不倦（可久故不倦）幽居而不淫（窮不失義也）上通而不困（達不離道也）禮必以和優游（和也）以法（有節也）慕賢而容衆毀方而瓦合（陶瓦者毀其圓則方合其方復圓和而有辯也）其寬裕有如此者儒有內稱不辟親外舉不辟怨程功積事不求厚祿（上不求報於君）推賢達能不望其報（下不責報於人）君得其志民

賴其德苟利國家不求富貴其舉賢援能有如此者儒有澡身浴德致其潔清以先其心也陳言而伏入告其君不揚於外言而正之上不知也默而翹之又不爲急也以清靜事君因事而正之則君不知默而發之所以爲不爲也不臨深而爲高不加少而爲多言不因勢位而自矜莊也世治不輕世亂不沮同己不與異己不非逢而必以其道窮而必行其志不以同己而與不以異己而非其特立獨行有如此者儒有上不臣天子下不事諸侯慎靜尚寬砥礪廉隅強毅以與人博學以知服服力行也近文章雖近文不勝質雖以分國視如錙銖十絫爲銖

八兩爲錙言輕也弗肯臣仕其規爲有如此者儒有合志同方營道同術竝立位相等也則樂相下位相讓也不厭與齊等也久別則聞流言不信記有其行本方立義六字明其所以不信之義義同而進記將義字屬上不同而退同謂與友也其交記有友字有如此者夫溫良者仁之本也慎敬者仁之地也寬裕者仁之作也作爲也○一子賀切遜接者仁之能也禮節者仁之貌也言談者仁之文也歌樂者仁之和也分散者仁之施也儒行之八者旣歷數以告哀公而終之以仁仁者百行之原也儒皆兼而有之一兼下有此事猶且不敢言仁也其尊

讓有如此者儒有不隕穫於貧賤隕穫隕墜割也一說憂悶不安之貌不充詘於富貴充詘驕吝也一說踊躍參擾之貌不溷君王不累長上不閔有司溷辱也累罣礙也閔傷也言不受於君長有司也故曰儒儒者有道術之名今人之名儒也妄句常以儒相詬疾詬疑作詬毀也疾惡也妄竊儒名故為人之所毀惡也。切哀公既聞此言也言加信行加敬曰終歿吾世弗敢復以儒為戲矣

問禮第六

哀公問於孔子曰大禮何如子之言禮何其

尊（尊猶重也）孔子對曰：丘也鄙人，不足以知大禮。公曰：吾子言焉。孔子曰：丘聞之，民之所以生者，禮爲大。非禮則無以節事天地之神，（祭以事天地之神，皆以禮爲儀節，神兼百神言）非禮則無以辯君臣上下長幼之位焉，非禮則無以別男女父子兄弟婚姻親族疏數之交焉。是故君子以此（此指禮也）爲之尊敬，（尊敬謂尊大也）然後以其所能教順百姓，（易曰禮，非強世，所謂順也）不廢其會節。（此總前言。會謂理之所聚而不可遺處，節謂分之所限而不可過處也）既有成事，（成事謂諏日筮吉而事可成也）然後治其雕鏤（祭器）文章黼黻黻（祭服）以別尊卑上下之等其順之也（順謂人無違心也）而後言（猶明也）其喪祭之紀宗廟之序品其犧牲設其豕腊（乾肉曰腊）脩其歲時以敬祭祀別其親疏序其昭穆而後宗族會宴（一作醼）即安其居以綴恩義卑其宮室節其服御車不雕璣器不彫鏤（一作刻）食不二味心不淫志（疑作慝）以與萬民同利古之明王行禮也如此公曰今之君子胡莫之行也孔子對曰今之君子好利無厭淫行不倦荒怠慢游固（如固獲之固力取也）民是盡以遂其心

以怨其政，以忤其衆，以伐有道，求得當欲不以其所（言苟求得當其情欲而已）虐殺刑誅不以其治（理也）夫昔之用民者由前（用上所言）今之用民者由後（用下所言）是即今之君子莫能爲禮也

言偃問曰：夫子之極言禮也，可得而聞乎？孔子言：我欲觀夏道，是故之（適也）杞（夏後封杞）而不足徵（徵證也）吾得夏時焉（於十二月之正正夏數得天心之中或謂即夏小正之屬小正夏之書名也）我欲觀殷道，是故之宋（殷後封宋）而不足徵也，吾得乾坤焉（得天地陰陽之書即易也商易曰歸藏歸藏首坤次乾故也）乾坤之義夏

時之等例也吾以此觀之夫禮初也記作禮之初始於飲食太古之時燔黍擘豚古未有釜甑以米肉加於燒石之上熟而食之汙罇而抔飲鑿地爲罇掬手而飲○抔蒲侯切蕢桴蕢艸桴椎也蕢○具位切桴○房鳩切而土鼓猶可以致敬於鬼神享其德不求備物也及其死也升屋而號曰高高作皐引聲之言某死者之名復然後既不復然後以下乃行死事飲腥苴熟死始含以珠貝將葬苞苴以遺奠而送之形體則降魂氣則上是爲天望而地藏也氣上故望天而招體降故穴地而藏故生者南嚮死者北首皆從其初也昔之王者未有宮室冬則居營窟夏則居橧巢橧咨登切掘地而居謂之

營窟柴爲橧在樹曰巢未有火化食草木之實鳥獸之肉飲其血茹其毛毛未盡而食曰茹未有絲麻衣其羽皮後聖有作然後脩火之利範金用刑範治金爲器也合土和合泥土爲陶器也以爲臺榭宮室戶牖以炮以燔毛炙曰炮熯火曰燔以烹以炙沈而煑之釜曰烹貫而置之火曰炙。沈直禁切以爲醴酪醴醴酒酪酪漿治其絲麻以爲布帛以養生送死以事鬼神故玄酒在室醴醆在戶粢醍在堂澄酒在下按禮辯酒之五齊一曰泛齊二曰醴齊三曰盎齊四曰醍齊五曰沈齊室內在北太古用水故尊尚之戶在室稍南堂在室外下則堂下矣去古漸遠故五者各以等降設之玄酒即泛齊醆即盎齊澄即沈齊。齊才詣切上聲醍他禮切陳其犧牲備其鼎俎列其琴瑟管磬鐘鼓以其祝嘏以降其上神上神天神也與其先祖以正君臣以篤父子以睦兄弟以齊上下夫婦有所是謂承天之祜言行禮如此則神格而鬼享矣作其祝號按禮祝號有六神鬼祇牲齍幣也皆美其辭以告神也玄酒以祭薦其血毛腥其俎此三者法上古禮也孰其殽雖有所孰猶有所腥不忘古也至下合烹則無復腥矣趏趏越同蒻蒲席也○尸括切席以坐疏布以冪當作冪覆酒布也質故用疏冪衣其浣帛湅染以爲祭服醴醆以獻薦其燔炙君與夫人交獻以嘉魂魄嘉善樂也是謂合莫契合於冥漠之中也此以上至孰其殽法中古禮也然後退

而合烹合其烹熟之體無復腥也體其犬豕牛羊體謂解其牲體而薦之也

實其簠簋籩豆鉶羹簠簋詩傳作瓦器以盛黍稷籩竹器豆木器以盛果核俎醢鉶銅器如鼎和羹之器也祝以孝告以通孝子語於先祖嘏以慈告以傳先祖語於孝子是為大祥祥善也合烹以下此當世之禮也此禮之大成也

五儀解第七

哀公問於孔子曰寡人欲論魯國之士與之為治敢問如何取之孔子對曰生今之世志古之道居今之俗服古之服舍此而為非者不亦鮮乎曰然則章甫絇履紳帶搢笏者賢

人也章甫冠名絇履頭之飾也紳大帶搢插也笏所執以書思對命者孔子曰不必然也丘之所言非此之謂也夫端衣玄裳冕而乘軒者則志不在於食焄端衣玄裳齋服也軒軒車焄葷菜也斬衰菅菲菲菅蒯草履名一作扉夏曰扉周曰履杖而歠粥者則志不在酒肉生今之世志古之道居今之俗服古之服謂此類也言服其服則制其心也公曰善哉盡此而已乎孔子曰人有五儀有庸人有士人有君子有賢人有聖人審此五者則治道畢矣公曰敢問何如斯謂之庸人孔子曰所謂

庸人者心不存愼終之規口不吐訓格格法也之言不擇賢以托其身不力行以自定見小闇大不知所務從物如流不知其所執苟有五鑿爲正心從而壞言五竅之正爲物所誘也此則庸人也公曰何謂士人孔子曰所謂士人者心有所定計有所守雖不能盡道術之本必有率也率猶行也雖不能備百善之美必有處也處猶守也是故知不務多必審其所知言不務多必審其所謂行不務多必審其所由言所務者皆必得其要也知既知之言既道之行既由之

則若性命之形骸之不可易也言若性之所命形之所賦之不移富貴不足以益貧賤不足以損此則士人也公曰何謂君子孔子曰所謂君子者言必忠信而心不怨怨咎也蔔作德言不自以爲德仁義在身而色無伐無伐善之色思慮通明而辭不專不專不尚言也篤行信道自強不息油然若將可越而終不可及者君子也油然不進之貌一作猶舒遲也不及謂從之末由也公曰何謂賢人孔子曰所謂賢人者德不踰閑閑闌也行中規繩言足以法於天下而不傷於身言滿天下無口過也道足以化於

百姓而不傷於本本亦身也苟作行中規繩而不傷於本言足法於天下而不傷於身富則天下無宛財宛古作苑私積也德惠而天下化之不獨富也施則天下不病貧德普而天下賴之不獨貧也此賢者也公曰何謂聖人孔子曰所謂聖者德合於天地變通無方窮萬事之終始協庶品之自然敷其大道而遂成情性謂萬物之情性明並日月化行若神下民不知其德覩者不識其鄰鄰以喻界畔也此謂聖人也公曰善哉非子之賢則寡人不得聞此言也雖然寡人生於深宮之內長於婦人之手未嘗

知哀未嘗知憂未嘗知勞未嘗知懼未嘗知危恐不足以行五儀之教若何孔子對曰如君之言已知之矣則丘亦無所聞焉（謂君知此言則為己知之矣故吾無復所言矣謙己以誘進乎哀公也）公曰非吾子寡人無以啓其心吾子言也（也疑作之）孔子曰君入廟如（一作而）右登自阼階仰視榱桷俯察機（機几同）筵其器皆存而不覩其人君以此思哀則哀可知矣昧爽夙興正其衣冠（昧爽始明也夙興早起也）平旦視朝慮其危難一物失理亂亡之端君以此思憂則憂可知

矣日出聽政至於中冥（中日中也冥昳中也日昃曰昳）諸侯子孫往來爲賓行禮揖讓慎其威儀君以此思勞則勞亦可知矣緬（綢繆反覆之貌）然長思出於四門周章（征營之貌）遠視（一作望）覩亡國之墟必將有數焉（言亡國故墟不止於一也）君以此思懼則懼可知矣夫君者舟也庶人者水也水所以載舟亦所以覆舟君以此思危則危可知矣君既明此五者又少留意於五儀之事則於政治何有失矣

哀公問於孔子曰請問取人之法孔子對曰

事任於官〔官所司也言各當以其所能之事任之也〕無取捷捷無取鉗鉗無取啍啍〔捷敏疾也鉗妄對不誠也啍多言也〕捷捷貪也〔捷捷不已所以爲貪〕鉗鉗亂也啍啍誕也〔誕欺詐也〕故弓調而後求勁焉馬服而後求良焉士必慤而後求智能者焉不慤而多能譬之豺狼不可邇〔言人無智者雖不慤信不能爲大惡不慤信而有智能然後乃可畏也〕

哀公問於孔子曰寡人欲吾國小而能守大則攻〔守自守也攻攻人也〕其道如何孔子對曰使君朝廷有禮上下和親天下百姓皆君之民將誰攻

之一說公意小欲能守如大國則我攻何故荅云然○言各當以其所能之事任之也苟違此道民畔畔與叛同○切如歸各有所歸皆君之讎也將與誰其守公曰善哉於是廢山澤之禁弛關市之稅以惠百姓

哀公問於孔子曰吾聞君子不博有之乎孔子曰有之公曰何爲對曰爲其有二乘一曰物雙曰乘公曰有二乘則何爲不博子曰爲其兼行惡道也博有三十六道哀公懼焉有閒復問曰若是乎君子之惡惡道至甚也孔子曰君子之惡惡道

不甚則好善道亦不甚好善道不甚則百姓

之親上亦不甚詩云未見君子憂心惙惙惙憂也朱

劣切亦既見止亦既覯止我心則説詩之好善

道甚也如此公曰美哉夫君子成人之善不

成人之惡微吾子言焉吾弗之聞也

哀公問於孔子曰夫國家之存亡禍福信有

天命非唯人也孔子對曰存亡禍福皆己而

已天災地妖不能加也公曰善吾子言之豈

有其事乎孔子曰昔者殷王帝辛之世有雀

生大鳥於城隅焉占之曰凡以小生大則國家必王而名益昌於是帝辛介雀之德（介助也以雀之德爲助也）不脩國政亢暴無極朝臣莫救外寇乃至殷國以亡此即以己逆天時詭福反爲禍者也（此逆天祥而暴致之也）又其先世殷王太戊之時道缺法圮以致妖蘗桑穀（竝生也）于朝七日大拱占之者曰桑穀野木而不合生朝意者國亡乎大戊恐駭側身脩行思先王之政明養民之道三季之後遠方慕義重譯至者十有六國此即

以己逆天時得禍爲福者此逆天災而德致之也故天災地妖所以儆人主者也寤夢徵怪所以儆人臣者也災妖不勝善政寤夢不勝善行能知此者至治之極唯明王達此公曰寡人不鄙固此亦不得聞君子之教也鄙固即前篇實固之意

哀公問於孔子曰智者壽乎仁者壽乎孔子對曰然人有三死而非其命也己自取也夫寢處不時飲食不節逸勞過度者疾共殺之居下位而上干其君外傳作好干上嗜慾無厭而求不

止者刑共殺之以少犯衆以弱侮強忿怒不類動不量力兵共殺之此三者死非命也人自取之若夫智士仁人將（將行也）身有節動靜以義喜怒以時無害其性雖得壽焉不亦宜乎

孔氏家語卷第一

孔氏家語卷第二

王肅注

觀思第八

孔子北遊於農山（山在魯地一作景戎）子路子貢顏淵侍側孔子四望喟然而歎曰於思致斯無所不至矣二三子各言爾志吾將擇焉子路進曰由願得白羽若月赤羽若日鐘鼓之音上震於天旍旗繽紛下蟠於地（蟠委也）由當一隊而敵之必也攘地千里（攘却也）搴旗執馘（搴取也取敵之旍旗馘截敵之耳以

效獲也唯由能之使二子者從我焉夫子曰勇哉

子貢復進曰賜願使齊楚合戰於漭瀁之野漭瀁廣大之貌兩壘相望塵埃相接挺刃交兵賜著縞衣白冠兵事尚白陳說其閒推論利害釋國之患唯賜能之使二子者從我焉夫子曰辯哉顏回退而不對孔子曰回來汝奚獨無願乎顏回對曰文武之事則二子者既言之矣回何云焉孔子曰雖然各言爾志也小子言之對曰回聞薰蕕不同器而藏堯桀不共國而治以

其類異也回願明王聖主輔相之敷其五教敷布也五教父義母慈兄友弟恭子孝也導之以禮樂使民城郭不脩溝池不越言無踰越溝池也鑄劍戟以爲農器放牛馬於原藪地廣平曰原澤無水曰藪室家無離曠之思千歲無戰鬬之患則由無所施其勇而賜無所用其辯矣夫子凜然而對曰美哉德也

子路抗抗舉手也手而問曰夫子何選焉孔子曰不傷財不害民不繁詞則顏氏之子有矣

魯有儉嗇者瓦鬲鬲郎狄切○曲脚鼎也煮食食之自謂其

美盛之土型（型奚輕切。瓦甂小盆也）以進孔子孔子受之而說如受大牢之饋（饋與餽同）子路曰瓦甂陋器也煮食薄膳也夫子何喜之如此乎夫子曰夫好諫者思其君食美者思（一作念）其親吾非以饌具之爲厚以其食厚而我思焉

孔子之楚而有漁者獻魚焉孔子不受漁者曰天暑市遠無所鬻也思慮弃之糞壤不如獻之君子故敢以進焉於是夫子再拜受之使弟子埽地將以享祭門人曰彼將弃之而

夫子以祭之何也孔子曰吾聞諸惜其務餁（餁飪同忍甚切）而欲以務施者仁人之偶（匹也）也惡有仁人之饋而無祭者乎

季羔爲衛之士師（獄官）刖人之足俄而衛有蒯聵之亂（初衛靈公太子蒯聵得罪出奔晉靈公卒立其子輒蒯聵自晉襲衛時子羔子路並仕於衛也）季羔逃之走郭門刖者守門焉謂季羔曰彼有缺季羔曰君子不踰又曰彼有竇季羔曰君子不隧（隧從竇出）又曰於此有室季羔乃入焉既而追者罷羔將去謂刖者曰吾不能虧主之法

而親刖子之足，今吾在難，此正子之報怨之時，而逃我者三，何故哉？刖者曰：斷足固我之罪，無可奈何。曩者君治臣以法令，先人後臣，欲臣之免也，臣知之；獄決罪定，臨當論刑，君愀愀變色貌○七小切然不樂，見君顏色，臣又知之。君豈私臣哉？天生君子，其道固然。此臣之所以說一作脫君也。孔子聞之曰：善哉為吏，其用法一也，思仁恕則樹德，加嚴暴則樹怨，公以行之，其子羔乎。

孔子曰季孫之賜我粟千鍾而交益親季平子用孔子由委吏至司空千鍾祿也自南宮敬叔之乘我車也而道加行孔子欲見老聃而西觀周敬叔言於魯君給孔子車馬問禮於老子孔子歷觀郊廟自周而還弟子四方來學也故道雖貴必有時而後重有勢而後行微夫二子之貺財則丘之道殆將廢矣

孔子曰王者有似乎春秋正其本而萬物皆正文王以王季爲父以太任爲母以太姒爲妃以武王周公爲子以太顛閎夭爲臣其本美矣武王正其身以正其國正其國以正天下伐無道刑

有罪一動而天下正其事成矣春秋致其時致推極也春秋以二始舉四時也而萬物皆及王者致其道而萬民皆治周公載己行化載亦行也言行己以行化其身正不令而行也而天下順之其誠至矣

曾子曰入其一作是國也言信於羣臣而留可也行忠於卿大夫則仕可也澤施於百姓則富可也孔子曰參之言此可謂善安身矣

子路爲蒲宰爲水備與民脩溝洫以民之勞煩苦也人與之一簞食一壺漿孔子聞之使

子貢止之子路忿然不說往見孔子曰由也以暴雨將至恐有水災故與民脩溝洫以備之而民多匱(乏也)餓者是以簞食壺漿而與之夫子使賜止之是夫子止由之行仁也夫子以仁教而禁其行由不受也孔子曰汝以民爲餓也何不白於君發倉廩以賑之而私以爾食饋之是汝明君之無惠而見己之德美汝速已則可不(俯太府作簡○九切例)則汝之見(一作受)罪必矣

子路問於孔子曰管仲之爲人如何子曰仁也得仁道也子路曰昔管仲說襄公〃不受是不辯也欲立公子糾而不能是不智也按齊襄公立無常○無常度也鮑叔牙曰君使民萬亂將作矣奉公子小白出奔莒公孫無知殺襄公管夷吾召忽奉公子糾奔魯齊人殺無知魯伐齊納子糾小白自莒先入是爲桓公乃殺子糾召忽死之家殘於齊而無憂色是不慈也桎梏而居檻車無慙心是無醜也言不恥惡事所射之君初魯聞無知死發兵送公子糾入齊而使管仲別將兵遮莒道以拒公子小白管仲射小白中帶鉤是不貞也召忽死之管仲不死是不忠也孔子曰管仲說襄〃公〃不受〃公之

闇也欲立子糾而不能不遇時也家殘於齊而無憂色是知權命也桎梏而無慙心自裁審也事所射之君通於變也不死子糾量輕重也夫子糾未成君而管仲未成臣管仲才度義管仲不死束縛而立功名未可非也召忽雖死過於取仁未足多也

孔子適齊中路聞哭者之聲其音甚哀孔子謂其僕曰此哭哀則哀矣然非喪者之哀也也一作矣驅而前少進見有異人焉擁鐮鐮鍥也刈鉤也帶索

哭音不哀孔子下車追而問曰子何人也對曰吾丘吾子也曰子今非喪之所奚哭之悲也丘吾子曰吾有三失晚而自覺悔之何及曰三失可得聞乎願子告吾無隱也丘吾子曰吾少時好學周徧天下後還喪吾親是一失也長事齊君君驕奢失士臣節不遂是二失也吾平生厚交而今皆離絶是三失也夫樹欲靜而風不停子欲養而親不待往而不來者年也不可再見者親也請從此辭遂投

水而死
孔子曰小子識之斯足爲戒矣自是弟子辭
歸養親者十有三
孔子謂伯魚曰鯉乎吾聞可以與人終日不
倦者其惟學焉其容體不足觀也其勇力不
足憚也其先祖不足稱也其族姓不足道也
終而有大名以顯聞四方流聲後裔者豈非
學者之效也故君子不可以不學其容不可
以不飭不飭無類無類失親類宜爲貌惟不飭故無貌禮貌矜莊然後

親愛可久故曰無貌失親也失親不忠情不相親則心無忠誠也不忠失禮禮以忠信爲本失禮不立不學禮則無以立也夫遠而有光者飾也近而愈明者學也譬之汚池水潦注焉雚○胡官切音桓一朱推切音追二音同義細葦也亂也葦生焉雖或以觀之孰知其源乎源泉源也水注於地而生雚葦觀者誰知其非源泉乎以言學者雖從外入及其用之人誰知其非從此出者乎

子路見於孔子曰負重涉遠不擇地而休家貧親老不擇祿而仕昔者由也事二親之時常食藜藿之實爲親負米百里之外親歿之後南遊於楚從車百乘積粟萬鍾累茵而坐

列鼎而食願欲食藜藿爲親負米不可復德也枯魚銜索幾何不蠹（言不可復生也）二親之壽忽若過隙孔子曰由也事親可謂生事盡力死事盡思者也

孔子之郯（郯國名少昊之後魯之郯縣也郯子達禮孔子故往諮問焉○郯徒監切）遭程子於塗傾蓋（傾蓋駐車）而語終日甚相親顧謂子路曰取束帛（五匹曰束）以贈先生（贈送遺也）子路屑然（屑然恭貌）對曰由聞之士不中間見（中間謂紹介也）女嫁無媒君子不以交禮也有間又顧謂子路子路又對

如初孔子曰由詩不云乎有美一人清揚宛兮邂逅相遇（清視清明揚眉上廣宛美也不期而會曰邂逅也）適我願兮今程子天下賢士也於斯不贈則終身弗能見也小子行之

孔子自衛反魯息駕於河梁（河水有石絕處曰梁非謂河有梁也）而觀焉有懸水三十仞（八尺曰仞）圜流九十里（水深急則其流回圜）魚鼈不能道（行也）黿鼉不能居有一丈夫方將厲之（以衣涉水曰厲又度也）孔子使人竝（蒲浪切近也）涯止之曰此懸水三十仞圜流九十里魚鼈黿鼉不能

居也意者難可濟也丈夫不以措意措一字兩義此著也後置也遂度而出孔子問之曰子巧乎有道術乎所以能入而出者何也丈夫對曰始吾之入也先以忠信及吾之出也又從以忠信措吾軀於波流而吾不敢以用私所以能入而復出也孔子謂弟子曰二三子識之水且猶可以忠信成身成身成其身也親之而況於人乎

孔子將行雨而無蓋門人曰商也有之子夏名商孔子曰商之爲人也甚悋吝同於財吾聞與人

交推其長者違其短者故能久也

子貢問於孔子曰死者有知乎將無知乎子曰吾欲言死之有知將恐孝子順孫妨生以送死吾欲言死之無知將恐不孝之子棄其親而不葬賜欲知死者有知與無知非今之急後自知之

子貢問治民於孔子子曰懔懔焉若持腐索之扞馬（懔懔危懼貌扞馬突馬也）子貢曰何其畏也孔子曰夫通達之御（一作屬）皆人也以道導之則吾畜（許六切）

也不以道導之則雔也如之何其無畏也

魯國之法魯人有贖臣妾於諸侯者皆取金於府子貢贖人於諸侯而還其金孔子聞之曰賜失之矣夫聖人之舉事也可以移風易俗而教導可以施於百姓非獨適身之行也今魯國富者寡而貧者衆贖人受金則爲不廉則何以相贖乎自今以後魯人不復贖人於諸侯贖貿貸也

子路治蒲見於孔子曰由願受教於夫子子

曰蒲其何如對曰邑多壯士又難治也子曰然吾語爾恭而敬可以攝勇寬而正可以懷強愛而恕可以容困温而斷可以抑姦如此而正（正治也）不難矣

三恕第九

孔子曰君子有三恕有君不能事有臣而求其使非恕也有親不能孝有子而求其報非恕也有兄不能敬有弟而求其順非恕也孔子曰君子有三思不可不察也少而不學長

無能也老而不教死莫之思也有而不施窮莫之救也故君子少思其長則務學老思其死則務教有思其窮則務施

伯常騫問於孔子曰騫固周國之賤吏也不自以不肖將北面以事君子敢問正道宜行不容於世正道宜行而世莫之能貴故行之則有所不容隱道宜行然亦不忍世亂則隱然以道爲行者亦不忍爲隱事今欲身亦不窮謂能容也道亦不隱爲之有道乎孔子曰善哉子之問也自丘之聞未有若吾子所問辯且說也辯當其理得其說矣丘

嘗聞君子之言道矣聽者無察則道不入聽者不明察則其道不能入奇偉不稽則道不信聽者不能考校其奇偉不羣則道不見信言苟非其人道不虛行又嘗聞君子之言事矣制無度量則事不成其政曉察則民不保政太曉了分察則民不能安矣又嘗聞君子之言志矣剛折不終剛則折矣不終其性命徑易者則數傷徑輕也志輕則數傷於義浩倨者則不親浩倨簡略不恭之貌如是則人不親矣就利者則無不敝言好利者必不可久又嘗聞養世之君子矣從輕勿爲先從重勿爲後赴憂患從勞苦輕者宜爲後重者宜爲先不適己自便也見像而勿強像法也見法而已不以強世也陳道而

勿佛（佛詭也陳道而已不與世相詭違也）此四者丘之所聞也

孔子觀於魯桓公之廟有欹器焉（欹傾昊也切）夫子問於守廟者曰此謂何器對曰此蓋為宥（宥一作右與宥同勸也皇帝有勸戒之器）坐之器孔子曰吾聞宥坐之器虛則欹中則正滿則覆明君以為至誡故常置之於坐側顧謂弟子曰試注水焉乃注之水中則正滿則覆夫子喟然歎曰嗚呼夫物惡有滿而不覆哉子路進曰敢問持滿有道乎子曰聰明睿智守之以愚功被天下守之

以讓勇力振世守之以怯富有四海守之以謙此所謂損之又損之之道也

孔子觀於東流之水子貢問曰君子所見大水必觀焉何也孔子對曰以其不息且徧與諸生諸生謂萬物也而不爲也物得水而後生水不與能而又不德夫水有似乎德其流也則卑下倨拘必循其理卑一作埤增也倨一作裾方也拘鉤同曲也言水益卑而或方曲必循其理也○裾居御切拘居矦切亦甚此似義浩浩乎無屈盡之期此似道流行赴百仞之嵠而不懼此似勇至量必平之此似法盛而

不求概概平斛木也言水盈而不概自平也此似正綽約綽作婥柔弱也微達此似察發源必東此似志以出以入萬物就此化絜絜與潔同易曰言萬物之潔齊也潔齊謂物之洗潔而盡出也此似善化也水之德有若此是故君子見必觀焉

子貢觀於魯廟之北堂出而問於孔子曰向也賜觀於太廟之堂未既輟還瞻北蓋皆斷焉既盡也輟止也○蓋胡閤切扇尸也觀北面之蓋皆斷也彼將有說邪匠之過也孔子曰太廟之堂官致良工之匠匠致良材盡其工巧蓋貴久矣貴文也荀子曰因鄙節文也尚有說也

尚猶必也言必有說

孔子曰吾有所恥有所鄙有所殆殆危也夫幼而不能強學老而無以教吾恥之去其鄉事君而達卒遇故人曾無舊言吾鄙之事君而達得志而見故人曾無舊言是棄其素交而無進之之心者也與小人處而不能親賢吾殆之疏賢而近小人危亡之道也

子路見於孔子孔子曰智者若何仁者若何子路對曰智者使人知己仁者使人愛己子曰可謂士矣子路出子貢入問亦如之子貢

對曰智者知人仁者愛人子曰可謂士矣子貢出顏回入問亦如之對曰智者自知仁者自愛子曰可謂士君子矣

子貢問於孔子曰子從父命孝乎臣從君命貞乎奚疑焉孔子曰鄙哉賜汝不識也昔者明王萬乘之國有爭臣七人則主無過舉（天子有三公四輔主諫爭以救其過四輔者前疑後丞左輔右弼也）千乘之國有爭臣五人則社稷不危也（諸侯有卿及內外股肱之臣凡五人）百乘之家有爭臣三人（大夫有室老家相邑宰凡三人能以義諫爭）則祿位不替父

有爭子不陷無禮士有爭友不行不義士雖有臣既微且陋不能以義匡其主故須朋友之諫諍然後不行不義之事也故子從父命奚詎爲孝
詎猶豈也臣從君命奚詎爲貞夫能審其所從詳審其所從之宜與不宜之謂孝之謂貞矣

子路盛服見於孔子子曰由是倨倨倨與裾同言其服盛而氣傲也者何也夫江始出於岷山其源可以濫觴按韓詩外傳爲不足濫觴言其微也及其至於江津不舫舟不避風則不可以涉非惟下流水多邪下流水多故使人畏服盛氣盈則衆畏之今爾衣服既盛顏色充盈天下且孰肯以

非告汝乎子路趨而出改服而入蓋自若也子曰由志之吾告汝奮於言者華自矜於言者華而無實奮於行者伐矜於行者自伐其功夫色智而有能者知見於色自有其能小人也故君子知之曰知言之要也不能曰不能行之至也言要則智行至則仁既仁且智惡不足哉

子路問於孔子曰有人於此披褐而懷玉何如褐賤者服子曰國無道隱之可也國有道則袞冕而執玉袞冕文衣盛飾也

好生第十

魯哀公問於孔子曰昔者舜冠何冠乎孔子不對公曰寡人有問於子而子無言何也對曰以君之問不先其大者故方思所以爲對公曰其大何乎孔子曰舜之爲君也其政好生而惡殺其任授賢而替不肖德若天地而靜虛化若四時而變物是以四海承風暢於異類鳳翔麟至鳥獸馴德（馴順習也）無他好生故也（知人無害之之心也）君舍此道而冠冕是問是以緩對

孔子讀史至楚復陳（陳夏徵舒弑其君楚莊王討之因縣陳而取之申叔時諫莊王從之還復陳）喟然歎曰賢哉楚王輕千乘之國而重一言之信匪申叔之信不能達其義匪莊王之賢不能受其訓

孔子嘗自筮其卦得賁焉愀然有不平之狀子張進曰師聞卜者得賁卦吉也而夫子之色有不平何也孔子對曰以其離邪在周易山下有火謂之賁（離下艮上爲賁）非正色之卦也夫質也黑白宜正焉今得賁非吾兆也（以其飾也）吾聞丹

漆不文白玉不琱何也質有餘不受飾故也

孔子曰吾於甘棠見宗廟之敬也甚矣邵伯聽獄於棠樹之下民作甘棠之詩思其人必愛其樹尊其人必敬其位道也

子路戎服見於孔子拔劒而舞之曰古之君子固以劒自衛乎孔子曰古之君子忠以爲質仁以爲衛不出環堵之室而知千里之外有不善則以忠化之侵暴則以仁固之何待劒乎子路曰由乃今聞此言請攝齊以受教

齊嘗衣不緝也受教者攝齊升堂

楚恭王出遊亡烏嘷之弓良弓之名左右請求之王曰止楚王失弓楚人得之又何求之孔子聞之惜乎其不大也不曰人遺弓人得之而已何必楚也

孔子謂魯司寇斷獄訟皆進衆議者而問之曰子以爲奚若某以爲何若皆曰云云如是然後夫子曰當從某子幾是近也重獄事故與衆議之

孔子問漆雕憑曰子事臧文仲武仲及孺子

容此三大夫孰賢對曰臧氏家有守龜焉名曰蔡文仲三年而爲一兆武仲三年而爲二兆孺子容三年而爲三兆憑從此之見若問三人之賢與不賢所未敢識也孔子曰君子哉漆雕氏之子其言人之美也隱而顯言人之過也微而著智而不能及明而不能見孰克如此克能也而宐爲如也

魯公索氏先落反將祭而亡其牲孔子聞之曰公索氏不及二年將亡後一年而亡門人問

曰昔公索氏亡其祭牲而夫子知其將亡何
也曰夫祭者孝子所以自盡於其親將祭而
亡其牲則其餘所亡者多矣若此而不亡者
未之有也
虞芮二國爭田而訟連年不決乃相謂曰西
伯仁人也西伯文王盍往質之盍何不質正也入其境則耕
者讓畔行者讓路入其邑男女異路斑白不
提挈入其朝士讓爲大夫大夫讓爲卿虞芮
之君曰嘻吾儕小人也儕等不可以履君子之

庭遂自相與而退咸以所爭之田爲閑田矣孔子曰以此觀之文王之道其不可加焉不令而從不教而聽至矣哉

曾子曰狎甚則相簡莊甚則不親是故君子之狎足以交歡其莊足以成禮孔子聞斯言也曰二三子志之孰爲參也不知禮也

哀公問曰紳委章甫委委皃章甫冠名也有益於仁乎孔子作色而對曰君胡然焉衰麻苴杖者志不存乎樂非耳弗聞服使然也黼紱袞冕者容

不褻慢非性矜莊服使然也介冑執戈者無退懦之氣非體純猛服使然也且臣聞之好肆不守折言市弗能爲廉好肆不守折也而長者不爲市言長者之行則不爲市買之事竊夫其有益與無益君子所以知竊宜爲察

孔子謂子路曰見長者而不盡其辭雖有風雨吾不能入其門矣故君子以其所能敬人小人反是

孔子謂子路曰君子以心導耳目立義以爲勇小人以耳目導心不愻以爲勇故曰退之

而不怨先之斯不從已言人退之不怨先之則可從足以爲師也

孔子曰君子有三患未之聞患不得聞既得聞之患弗得學既得學之患弗能行有其德而無其言君子恥之有其言而無其行君子恥之既得之而又失之君子恥之地有而民不足君子恥之衆寡均而人功倍己焉君子恥之凡興功業多少與人同而功殊倍己故恥之

魯人有獨處室者鄰之釐婦釐寡婦也亦獨處一室夜暴風雨至釐婦室壞趨而託焉魯人閉

户而不納釐婦自牖與之言子何不仁而不納我乎魯人曰吾聞男子不六十不閒居今子幼吾亦幼是以不敢納爾也婦人曰子何不如柳下惠然嫗不逮門之女國人不稱其亂魯人曰柳下惠則可吾固不可吾將以吾之不可學柳下惠之可孔子聞之曰善哉欲學柳下惠者未有似於此者期於至善而不襲其爲可謂智乎

孔子曰小辯害義小言破道關雎興于鳥而

君子美之取其雄雌之有別鹿鳴興於獸而君子大之取其得食而相呼若以鳥獸之名嫌之固不可行也

孔子謂子路曰君子而強氣則不得其死小人而強氣則刑戮荐臻豳詩曰殆天之未陰雨徹彼桑土綢繆牖戶（殆及也徹剝也桑土桑根也鳴鴞天未雨剝取桑根以纏綿其牖戶喻我國家積累之功乃難成之若此也）今汝下民或敢侮余（今者周公時言我先祖致此大功至艱而下民敢侵侮我周道謂管蔡之亂不可不遏絕之以在周室者也）孔子曰能治國家之如此雖欲侮之豈可得乎周自后

稷積行累功以有爵土公劉重之以仁及至
大王亶甫敦以德讓其樹根置本備豫遠矣
初大王都豳翟人侵之事之以皮幣不得免
焉事之以珠玉不得免焉於是屬耆老而告
之所欲吾土地吾聞之君子不以所養而害
人二三子何患乎無君遂獨與大姜去之踰
梁山邑于岐山之下豳人曰仁人之君不可
失也從之如歸市焉天之與周民之去殷久
矣若此而不能天下未之有也武庚惡能侮

武庚紂子名祿父與管蔡共爲亂也鄁詩曰執轡如組兩驂如儛驂之

以服和諧中節孔子曰爲此詩者其知政乎夫爲組者揔紕於此成文於彼言其動於近行於遠也執此法以御民豈不化乎竿旄之忠告至矣哉竿旄之詩者樂乎善道告人取喻於素絲良馬如組紕之義

孔氏家語卷第二

新增

全圖孔子家語

上海啟新書局印行

卷三之四

孔氏家語卷第三

王肅注

觀周第十一

孔子謂南宮敬叔曰吾聞老聃博古知今（敬叔孟僖子子也老聃老子博古知今而好道）通禮樂之原明道德之歸則吾師也今將往矣對曰謹受命遂言於魯君曰臣受先臣之命（先臣僖子）云孔子聖人之後也（聖人殷湯）滅於宋（孔子之先去宋奔魯故曰滅於宋也）其祖弗父何始有國而受厲公（弗父何緡公世子厲公兄也讓國以授厲公春秋傳曰以有宋而授厲公空始始有也始有宋

也及正考父佐戴武宣正考父何之曾孫也戴武宣三公也三命茲益恭命爲士一命爲大夫再命卿三命是也故其鼎銘曰臣有功德君命銘之於其宗廟之鼎也一命而僂再命而傴三命而俯俯恭於傴傴恭於僂循牆而走言恭之甚亦莫余敢侮余我也我考父也以其恭如此故人亦莫之侮饘於是粥於是以餬其口饘糜也爲糜粥於此鼎言至儉也其恭儉也若此臧孫紇有言聖人之後若不當世紇臧武仲弗父何殷湯之後而不繼世爲宋君則必有明德而達者焉孔子少而好禮其將在矣將在孔子屬臣汝必師之今

孔子將適周觀先王之遺制考禮樂之所極

斯大業也君盍以乘資之臣請與往公曰諾與孔子車一乘馬二匹豎子侍御敬叔與俱至周問禮於老聃訪樂於萇弘萇弘周大夫歷郊社之所考明堂之則則法察宗廟朝之度宗廟朝廷之法度也於是喟然曰吾乃今知周公之聖與周之所以王也及去周老子送之曰吾聞富貴者送人以財仁者送人以言吾雖不能富貴而竊仁者之號請送子以言乎凡當今之士聰明深察而近於死者好譏議人者也博辯閎達而

危其身好發人之惡者也無以有己爲人子者身父母之有也無以惡己爲人臣者言聽則仕不用則退保身全行臣之節也

孔子曰敬奉教自周反魯道彌尊矣遠方弟子之進蓋三千焉

孔子觀乎明堂覩四門墉有堯舜與桀紂之象而各有善惡之狀興廢之誡焉又有周公相成王抱之負斧扆南面以朝諸侯之圖焉世之博學者謂周公便履天子之位失之遠矣孔子徘徊而望之謂從者曰此周公所以盛也夫明鏡所以察形往古者

所以知今人主不務襲迹於其所以安存而急急所以危亡是猶未有以異於却走而欲求及前人也豈不惑哉

孔子觀周遂入太祖后稷之廟廟堂右階之前有金人焉參緘其口而銘其背曰古之慎言人也戒之哉無多言多言多敗無多事多事多患安樂必戒（雖處安樂必警戒也）無所行悔（言當詳而後行所悔之事不可復行）勿謂何傷其禍將長勿謂何害其禍將大勿謂不聞神將伺人焰焰不滅炎炎若何

涓涓不壅終爲江河綿綿不絕或成網羅綿綿微細若不絕則有成羅網者也毫末不札將尋斧柯如毫之末言至微也札拔也尋用也誠能慎之福之根也口是何傷禍之門也强梁者不得其死好勝者必遇其敵盜憎主人民怨其上君子知天下之不可上也故下之知衆人之不可先也故後之温恭慎德使人慕之執雌持下人莫踰之人皆趨彼我獨守此人皆或之我獨不徙或之東西轉移之貌內藏我智不示人技我雖尊高人弗我害誰能於此江海

雖左長於百川以其卑也水陰長右海江雖在於其左而能爲百川長以其能下天道無親而能下人戒之哉孔子旣讀斯文也顧謂弟子曰小人識之音志此言實而中情而信詩云戰戰兢兢如臨深淵如履薄冰戰戰恐也兢兢戒也恐墜也恐陷也行身如此豈以口過患哉

孔子見老聃而問焉曰甚矣道之於今難行也吾比執道而今委質以求當世之君而弗受也道於今難行也老子曰夫說者流於辯流猶過也失也聽者亂於辭知此二者則道不可以忘

也

弟子行第十二

衞將軍文子（衞卿名彌牟也）問於子貢曰吾聞孔子之施教也先之以詩書導之以孝悌說之以仁義觀之以禮樂然後成之以文德蓋入室升堂者七十有餘人其孰爲賢子貢對以不知文子曰以吾子常與學賢者也何爲不知子貢對曰賢人無妄（賢人無妄言舉動不妄）知賢即難故君子之言曰智莫難於知人是以難對也文子

曰若夫知賢莫不難今吾子親遊焉是以敢問子貢曰夫子之門人蓋有三千就焉賜有逮及焉未逮及焉故不得徧知以告也文子曰吾子所及者請聞其行子貢對曰夫能夙興夜寐諷誦崇禮行不貳過貳再也有不善未嘗不知知之未嘗復行也稱言不苟舉言典法不苟且也是顏回之行也孔子說之以詩曰媚茲一人應侯慎德一人天子也應當也侯惟也言顏淵之德足以媚愛天子當於其心惟慎德永言孝思孝思惟則言能長是孝道足以爲法則也若逢有德之君世受顯命不失厥名以御于天

子則王者之相也在貧如客（言不以貧累志矜莊如爲客也）使其臣如借（言不有其臣如借使之也）不遷怒不深怨不錄舊罪是冉雍之行也孔子論其材曰有土之君子也有衆使也有刑用也然後稱怒焉（言有土地之君有衆足使有刑足用然後可以稱怒冉雍非有土之君故使其臣如借而不加怒也）孔子告之以詩曰靡不有初鮮克有終（冉雍能終其行）匹夫不怒唯以亡其身（因說不怒之義遂及匹夫以怒亡身）不畏強禦不侮矜寡其言循性（循其性也而言不誣其情）其都以富（仲由長於政事）材任治戎（戎軍旅也）是仲由之行也孔子和之以文說之以詩

曰受小共大共而爲下國駿厖荷天子之龍 孔子和仲由以文說之以詩此其義也共法也駿大也厖厚也龍和也言受大小法爲下國大厚乃可任天下道也 不戁不悚數奏其勇 戁恐悚懼數陳奏薦 強乎武哉文不勝其質 言子路強勇文不勝其質 恭老卹幼不忘賓旅 賓旅謂寄客也 好學博藝省物而勤也 省錄諸事而能勤也 是冉求之行也孔子因而語之曰好學則智卹孤則惠恭則近禮勤則有繼堯舜篤恭以王天下其稱之也曰宜爲國老 國老助宣德教 齊莊而能肅志通而好禮儐相兩君之事篤雅有節是公西赤之行也

子曰禮經三百可勉能也禮經三百可勉學而能知威儀三千則難也能躬行三千之威儀則難可爲而公西赤能躬行之公西赤問曰何謂也子曰貌以儐禮禮以儐辭是謂難焉言所以爲者當觀容貌而儐相其禮度其禮而儐相其辭度事制宜故難也衆人聞之以爲成也孔子語人曰當儐客之事則達矣衆人聞公西赤能行三千之威儀故以爲成也孔子曰當儐客之事則達未盡達於治國之本體也謂門人曰二三子之欲學儐客之禮者其於赤也滿而不盈實而如虛過之如不及先王難之盈而如虛過而不及是先王之所難而曾參體其行博無不學其貌恭其德敦其言於人也

無所不信其驕大人也常以浩浩浩然志大驕大貌也大人富貴者也是以眉壽不慕富貴安靜虛無所以爲之富貴是曾參之行也孔子曰孝德之始也悌德之序也悌以敬長是德之次序也信德之厚也忠德之正也參中夫四德者也以此稱之美功不伐貴位不善不侮不佚侮佚貪功慕勢之貌不傲無告鰥寡孤獨此四者天民之窮而無告者也子張之行不傲此四者是顓孫師之行也孔子言之曰其不伐則猶可能也其不弊百姓則仁也不弊愚百姓即所謂不傲之也詩云愷悌君子民之父母愷樂也悌易也樂以強教之易悅安之民皆有父之尊母之親也夫子以

其仁爲大學之深（學而能入其深義也）送迎必敬（送迎賓客常能敬也）上交下接若截焉是卜商之行也孔子說之以詩曰式夷式已無小人殆（式用夷平也言用平則已也殆危者無以小人至於危也）若商也其可謂不險矣（險危也言子夏常厲以斷之近小人斯不危）貴之不喜賤之不怒苟利於民矣廉於行己其事上也以佑其下（言所以事上乃欲佑助其下也）是澹臺滅明之行也孔子曰獨貴獨富君子恥之夫也中之矣（夫謂滅明中猶當也）先成其慮及事而用之故動則不妄是言偃之行也孔子曰欲能則學欲知

則問欲善則詳欲善其事當詳慎也欲給則豫事欲給而不礙則莫若於豫當是而行僾也得之矣獨居思仁公言義其於詩也則一日三復白圭之玷玷缺也詩曰白圭之玷尚可磨也斯言之玷不可爲也一日三復之慎之至也是宮縚之行也孔子信其能仁以爲異士殊異之士也大戴引之曰以爲異姓婚姻也以兄之女妻之者也自見孔子出入於戶未嘗越屨往來過之足不履影言其往來常跡故跡不履影也啓蟄不殺春分當發蟄蟲啓戶咸出於此時不殺生也方長不折春夏生長養時草木不折執親之喪未嘗見齒是高柴之行也孔子曰柴於親喪則難能也啓蟄不殺

則順人道方長不折則恕仁也成湯恭而以恕是以日躋（躋升也成湯行恭而能恕出見捕鳥焉四面施網乃去其三面詩曰湯降不遲聖敬日躋言湯疾行下人之道其聖敬之德日升聞也）凡此諸子賜之所親覩者也吾子有命而訐賜（訐問）賜也固不足以知賢文子曰吾聞之也國有道則賢人興焉中人用焉（中庸之人爲時用也）乃百姓歸之若吾子之論既富茂矣壹諸侯之相也（壹皆）抑世未有明君所以不遇也子貢既與衞將軍文子言適魯見孔子曰衞將軍文子問二三子之於賜不壹而三

焉賜也辭不獲命以所見者對矣未知中否請以告孔子曰言之乎子貢以其辭狀告孔子子聞而笑曰賜汝次爲人矣（言爲知人之次）子貢對曰賜也何敢知人此以賜之所覩也孔子曰然吾亦語汝耳之所未聞目之所未見者豈思之所不至知之所未及哉子貢曰賜願得聞之孔子曰不克不忌不念舊怨蓋伯夷叔齊之行也思天而敬之服義而行信孝於父母恭於兄弟從善而不教道趙文子之行也

其事君也不敢愛其死然亦不敢忘其身謀其身不遺其友君陳則進而用之（陳謂陳列於君爲君之使用也）不陳則行而退蓋隨武子之行也其爲人之淵源也多聞而難誕（誕歎）內植足以沒其世國家有道其言足以治無道其默足以生蓋銅鞮伯華之行也外寬而內正自極於隱括之中（隱括所以自極）直己而不直人汲汲於仁以善自終蓋蘧伯玉之行也孝恭慈仁允德圖義（允信也圖謀也）約貨去怨（夫利怨之所聚故約省其貨以遠去其怨）輕財不匱蓋柳下

惠之行也其言曰君雖不量於其身（謂不量度其臣之德器也）臣不可以不忠於其君是故君擇臣而任之臣亦擇君而事之有道順命（君有道則順從其命）無道衡命（衡橫也謂不受其命而隱居者也）蓋晏平仲之行也蹈忠而行信終日言不在尤之內（尤過）國無道處賤不悶（悶憂）貧而能樂蓋老來子之行也易行以俟天命（易治）居下不援其上（雖在下位不攀援其上以求進）其親觀於四方也不忘其親不盡其樂（雖有觀四方之樂常念其親不盡其歸之）以不能則學不為己終身之憂（凡憂憂所知不能則學何憂之有）蓋

介子山之行也子貢曰敢問夫子之所知者蓋盡於此而已乎孔子曰何謂其然亦略舉耳目之所及而已昔晉平公問祁奚曰羊舌大夫晉之良大夫也其行如何祁奚辭以不知公曰吾聞子少長乎其所於其所長今子掩之何也祁奚對曰其少也恭而順心有恥而不使其過宿心常有所恥惡及其有過不令更宿輒改其爲大夫悉善而謙其端盡善道而謙讓是其正也其爲輿尉也信而好直其功言其功直至於其爲容也溫良而好禮博聞而

時出其志時出以其出之誨未及之是其志也公曰曩者問子子奚曰不知也祁奚曰每位改變未知所止是以不敢得知也此又羊舌大夫之行也子貢跪曰請退而記之

賢君第十三

哀公問於孔子曰當今之君孰爲最賢孔子對曰丘未之見也抑有衛靈公乎公曰吾聞其閨門之內無別而子次之賢何也孔子曰臣語其朝廷行事不論其私家之際也公曰

其事何如孔子對曰靈公之弟曰公子渠牟其智足以治千乘其信足以守之靈公愛而任之又有士曰林國者見賢必進之而退與分其祿是以靈公無遊放之士靈公賢而尊之又有士曰慶足者衞國有大事則必起而治之國無事則退而容賢言其所以退者欲以容賢於朝靈公悅而敬之又有大夫史鰌以道去衞而靈公郊舍三日琴瑟不御必待史鰌之入而後敢入臣以此取之雖次之賢不亦可乎

子貢問於孔子曰今之人臣孰爲賢子曰吾未識也往者齊有鮑叔鄭有子皮則賢者矣子貢曰齊無管仲鄭無子產子曰賜汝徒知其一未知其二也汝聞用力爲賢乎進賢爲賢乎子貢曰進賢賢哉子曰然吾聞鮑叔達管仲子皮達子產未聞二子之達賢己之才者也

哀公問於孔子曰寡人聞忘之甚者徙而忘其妻有諸孔子對曰此猶未甚者也甚者乃

忘其身公曰可得而聞乎孔子曰昔者夏桀貴爲天子富有四海忘其聖祖之道壞其典法廢其世祀荒于淫樂躭湎于酒佞臣諂諛窺導其心忠士折口逃罪不言（折口杜口）天下誅桀而有其國此謂忘其身之甚矣

顏淵將西遊於宋問於孔子曰何以爲身子曰恭敬忠信而已矣恭則遠於患敬則人愛之忠則和於衆信則人任之勤斯四者可以政國豈特一身者哉（特但）故夫不比於數而比

於踈不亦遠乎（不比親數近踈遠也）不修其中而脩外者不亦反乎慮不先定臨事而謀不亦晚乎

孔子讀詩于正月六章惕然如懼曰彼不達之君子豈不殆哉從上依世則道廢違上離俗則身危時不興善己獨由之則曰非妖即妄也故賢也既不遇天恐不終其命焉桀殺龍逢紂殺比干皆是類也詩曰謂天蓋高不敢不局謂地蓋厚不敢不蹐（此正月六章之辭也局曲也言天至高已不敢不曲身危行恐上觸忌諱也蹐累足也言地至厚已不敢不累足懼陷累在位之羅網也）此言上下畏

罪無所自容也
子路問於孔子曰賢君治國所先者何孔子曰在於尊賢而賤不肖子路曰由聞晉中行氏尊賢而賤不肖矣其亡何也孔子曰中行氏尊賢而不能用賤不肖而不能去賢者知其不用而怨之不肖者知其必己賤而讎之怨讎並存於國鄰敵搆兵於郊中行氏雖欲無亡豈可得乎
孔子閒處喟然而歎曰嚮使銅鞮伯華無死

則天下其有定矣子路曰由願聞其人也子曰其幼也敏而好學其壯也有勇而不屈其老也有道能下人有此三者以定天下也何難乎哉子路曰幼而好學壯而有勇則可也若夫有道下人又誰下哉子曰由不知吾聞以衆攻寡無不尅也以貴下賤無不得也昔者周公居冢宰之尊制天下之政而猶下白屋之士（草屋也）日見百七十人斯豈以無道也欲得士之用也惡有有道而無下天下君子

哉

齊景公來適魯舍于公館使晏嬰迎孔子孔子至景公問政焉孔子荅曰政在節財公悅又問曰秦穆公國小處僻而霸何也孔子曰其國雖小其志大處雖僻而其政中其舉也果其謀也和法無私而令不愉（愉安爲偷偷苟且也）首拔五羖爵之大夫（首安爲身五羖大夫百里奚也）與語三日而授之以政此取之雖王可其霸少矣景公曰善哉

哀公問政於孔子孔子對曰政之急者莫大

乎使民富且壽也公曰爲之奈何孔子曰省力役薄賦斂則民富矣敦禮教遠罪疾則民壽矣公曰寡人欲行夫子之言恐吾國貧矣孔子曰詩云愷悌君子民之父母未有子富而父母貧者也

衛靈公問於孔子曰有語寡人曰有國家者計之於廟堂之上則政治矣何如孔子曰其可也愛人者則人愛之惡人者則人惡之知得之己者則知得之人所謂不出環堵之室

而知天下者知及已之謂也

孔子見宋君君問孔子曰吾欲使長有國而列都得之（國之列都皆得其道）吾欲使民無惑吾欲使士竭力吾欲使日月當時吾欲使聖人自來吾欲使官府治理爲之奈何孔子對曰千乘之君問丘者多矣而未有若主君之問問之悉也然主君所欲者盡可得也丘聞之鄰國相親則長有國君惠臣忠則列都得之不殺無辜無釋罪人則民不惑士益之祿則皆竭力

尊天敬鬼則日月當時崇道貴德則聖人自來任能黜否則官府治理宋君曰善哉豈不然乎寡人不佞不足以致之也孔子曰此事非難唯欲行之云耳

辯政第十四

子貢問於孔子曰昔者齊君問政於夫子夫子曰政在節財魯君問政於夫子夫子曰政在諭臣葉公問政於夫子夫子曰政在悅近而來遠三者之問一也而夫子應之不同然

政在異端乎孔子曰各因其事也齊君爲國奢乎臺榭淫于苑囿五官伎樂不解於時一旦而賜人以千乘之家者三故曰政在節財魯君有臣三人孟孫叔孫季孫三人內比周以愚其君外距諸侯之賓以蔽其明故曰政在諭臣夫荊之地廣而都狹民有離心莫安其居故曰政在悅近而來遠此三者所以爲政殊矣詩云喪亂蔑資曾不惠我師蔑無也資財也師衆也夫爲亡亂之政重賦厚斂民無資財曾莫肯愛我衆此傷奢侈不節以爲亂者也又曰匪其

止共惟王之邛止息也邛病也讒人不共所止息故惟王之病此傷姦臣蔽主以爲亂者也又曰亂離瘼矣奚其適歸離憂也瘼病也言離散以成憂憶禍亂於斯歸於禍亂者也此傷離散以爲亂者也察此三者政之所欲豈同乎哉

孔子曰忠臣之諫君有五義焉一曰譎諫正其事以厥諫其君二曰戇諫戇諫無文飾也三曰降諫卑降其體所以諫也四曰直諫五曰風諫唯度主而行之吾從其諷諫乎風諫依違遠罪避害者也

子曰夫道不可不貴也中行文子倍道失義

以亡其國而能禮賢以活其身此說背義失道不空說得道之意而云禮賢不與上相次配又文子無禮賢之事中行文子得罪於晉出亡至邊從者曰謂此嗇夫者君子也故休馬待驂者文子曰吾好音子遺吾琴好珮子遺吾玉是以不振吾過自容於我者也吾恐其以我求容也遂不入車人聞文子之所言執而不殺之孔子聞之曰文子倍道失義以亡其國然得之由活其身而能禮賢以爲空以然後得也聖人轉禍爲福此謂是與若入將死不入得活故曰轉禍爲福楚王將遊荊臺司馬子祺諫王怒之令尹子西賀於殿下諫曰今荊臺之觀不可失也王喜拊子西之背曰與子共樂之矣子西步馬十里引轡而止曰臣願言有道王肯聽之乎王曰子其言之子西

曰臣聞爲人臣而忠其君者爵祿不足以賞也諫其君者刑罰不足以誅也夫子祺者忠臣也而臣者諫臣也願主賞忠而誅諫焉王曰今我聽司馬之諫是獨能禁我耳若後世遊之可也子西曰禁後世易耳大王萬歲之後起山陵於荊臺之上則子孫必不忍遊於父祖之墓以爲歡樂也王曰善乃還孔子聞之曰至哉子西之諫也入之於千里之上抑之於百世之後者也

子貢問於孔子曰夫子之於子產晏子可爲至矣敢問二大夫之所爲目夫子之所以與之者孔子曰夫子產於民爲惠主於學爲博物晏子於君爲忠臣於行爲恭敏故吾皆以兄事之而加愛敬

齊有一足之鳥飛習於公朝下止於殿前舒翅而跳齊侯大怪之使使聘魯問孔子孔子曰此鳥名曰商羊水祥也昔童兒有屈其一脚振訊兩眉而跳且謠曰天將大雨商羊鼓

儛今齊有之其應至矣急告民趨治溝渠脩隄防將有大水爲災頃之大霖雨水溢泛諸國傷害民人唯齊有備不敗景公曰聖人之言信而有徵矣

孔子謂宓子賤曰子治單父衆悅子何施而得之也子語丘所以爲之者對曰不齊之治也父恤其子其子恤諸孤而哀喪紀孔子曰善小節也小民附矣猶未足也曰不齊所父事者三人所兄事者五人所友事者十一人

孔子曰父事三人可謂教孝矣兄事五人可以教悌矣友事十一人可以舉善矣中節也中人附矣猶未足也曰此地民有賢於不齊者五人不齊事之而稟度焉皆教不齊之道孔子歎曰其大者乃於此乎有矣昔堯舜聽天下務求賢以自輔夫賢者百福之宗也神明之主也惜乎不齊之所以治者小也

子貢爲信陽宰將行辭於孔子孔子曰勤之慎之奉夫子之時無奪無伐無暴無盜子貢

曰賜也少而事君子豈以盜爲累哉孔子曰
汝未之詳也夫以賢代賢是謂之奪以不肖
代賢是謂之伐緩令急誅是謂之暴取善自
與是謂之盜盜非竊財之謂也吾聞之知爲
吏者奉法以利民不知爲吏者枉法以侵民
此怨之所由也治官莫若平臨財莫如廉廉
平之守不可改也匿人之善斯謂蔽賢揚人
之惡斯爲小人內不相訓而外相謗非親睦
也言人之善若己有之言人之惡若己受之

故君子無所不慎焉

子路治蒲三年孔子過之入其境曰善哉由也恭敬以信矣入其邑曰善哉由也忠信而寬矣至庭曰善哉由也明察以斷矣子貢執轡而問曰夫子未見由之政而三稱其善其善可得聞乎孔子曰吾見其政矣入其境田疇盡易草萊甚辟溝洫深治此其恭敬以信故其民盡力也入其邑牆屋完固樹木甚茂此其忠信以寬故其民不偷也至其庭庭甚

清閑諸下用命此其言明察以斷故其政不擾也以此觀之雖三稱其善庸盡其美矣

孔氏家語卷第三

孔氏家語卷第四

王　肅　注

六本第十五

孔子曰行己有六本焉然後爲君子也立身有義矣而孝爲本喪紀有禮矣而哀爲本戰陣有列矣而勇爲本治政有理矣而農爲本居國有道矣而嗣爲本（繼嗣不立則亂之萌）生財有時矣而力爲本置本不固無務農桑親戚不悅無務外交事不終始無務多業記聞而言無務

多說但記所聞而言言不出說中故不可以務多說比近不安無務求遠是故反本脩迹君子之道也

孔子曰藥酒苦於口而利於病忠言逆於耳而利於行湯武以諤諤而昌桀紂以唯唯而亡君無爭臣父無爭子兄無爭弟士無爭友無其過者未之有也故曰君失之臣得之父失之子得之兄失之弟得之己失之友得之是以國無危亡之兆家無悖亂之惡父子兄弟無失而交友無絕也

孔子見齊景公公悦焉請置稟丘之邑以爲養孔子辭而不受入謂弟子曰吾聞君子當功受賞今吾言於齊君君未之有行而賜吾邑其不知丘亦甚矣於是遂行

孔子在齊舍於外館景公造焉賓主之辭既接而左右白曰周使適至言先王廟災景公復問災何王之廟也孔子曰此必釐王之廟公曰何以知之孔子曰詩云皇皇上天其命不忒天之以善必報其德此逸詩也皇皇美貌也忒差也禍亦如

之夫釐王變文武之制而作玄黃華麗之飾宮室崇峻輿馬奢侈而弗可振也（振拔）故天殃所宜加其廟焉以是占之爲然公曰天何不殃其身而加罰其廟也孔子曰蓋以文武故也若殃其身則文武之嗣無乃殄乎故當殃其廟以彰其過俄頃左右報曰所災者釐王廟也景公驚起再拜曰善哉聖之智過人遠矣

子夏三年之喪畢見於孔子子曰與之琴使

之絃侃侃而樂作而曰先王制禮不敢不及
子曰君子也閔子三年之喪畢見於孔子子
曰與之琴使之絃切切而悲作而曰先王制
禮弗敢過也子曰君子也子貢曰閔子哀未
盡夫子曰君子也子夏哀已盡又曰君子也
二者殊情而俱曰君子賜也惑敢問之孔子
曰閔子哀未忘能斷之以禮子夏哀已盡能
引之及禮雖均之君子不亦可乎
孔子曰無體之禮敬也無服之喪哀也無聲

之樂歡也不言而信不動而威不施而仁志
夫鐘之音怒而擊之則武憂而擊之則悲其
志變者聲亦隨之故至誠感之通於金石而
況人乎
孔子見羅雀者所得皆黃口小雀夫子問之
曰大雀獨不得何也羅者曰大雀善驚而難
得黃口貪食而易得黃口從大雀則不得大
雀從黃口亦不得孔子顧謂弟子曰善驚以
遠害利食而忘患自其心矣而獨以所從爲

禍福故君子愼其所從以長者之慮則有全身之階隨小者之贛慧而有危亡之敗也

孔子讀易至於損益喟然而歎子夏避席問曰夫子何歎焉孔子曰夫自損者必有益之自益者必有決之易損卦次得益益次夬決也損而不已必益故受之以益益而不已必決故受之以夬吾是以歎也子夏曰然則學者不可以益乎子曰非道益之謂也道彌益而身彌損夫學者損其自多以虛受人故能成其滿博也天道成而必變凡持滿而能久者未嘗有

也故曰自賢者天下之善言不得聞於耳矣昔堯治天下之位猶允恭以持之克讓以接下（允信也克能也）是以千歲而益盛迄今而逾彰夏桀昆吾（昆吾國與夏桀作亂）自滿而無極亢意而不節斬刈黎民如草芥焉天下討之如誅匹夫是以千載而惡著迄今而不滅滿也如在輿遇三人則下之遇二人則式之調其盈虛不令自滿所以能久也子夏曰商請志之而終身奉行焉

子路問於孔子曰請釋古之道而行由之意可乎子曰不可昔東夷之子慕諸夏之禮有女而寡爲內私壻終身不嫁嫁則不嫁矣亦非貞節之義也蒼梧嬈娶妻而美讓與其兄讓則讓矣然非禮之讓也不愼其初而悔其後何嗟及矣言事至而後悔可嗟又何及矣今汝欲舍古之道行子之意庸知子意不以是爲非以非爲是乎後雖欲悔難哉

曾子耘瓜誤斬其根曾皙怒建大杖以擊其

背曾子仆地而不知人久之有頃乃蘇欣然
而起進於曾晳曰嚮也參得罪於大人大人
用力教參得無疾乎退而就房援琴而歌欲
令曾晳而聞之知其體康也孔子聞之而怒
告門弟子曰參來勿內曾參自以爲無罪使
人請於孔子子曰汝不聞乎昔瞽瞍有子曰
舜舜之事瞽瞍欲使之未嘗不在於側索而
殺之未嘗可得小棰則待過大杖則逃走故
瞽瞍不犯不父之罪而舜不失烝烝之孝今

參事父委身以待暴怒殪而不避殪死既身死而陷父於不義其不孝孰大焉汝非天子之民也殺天子之民其罪奚若曾參聞之曰參罪大矣遂造孔子而謝過

荊公子行年十五而攝荊相事孔子聞之使人往觀其爲政焉使者反曰視其朝清淨而少事其堂上有五老焉其廊下有二十壯士焉孔子曰合兩二十五之智以治天下其固免矣況荊乎

子夏問於孔子曰顏回之爲人奚若子曰回之信賢於丘曰子貢之爲人奚若子曰賜之敏賢於丘曰子路之爲人奚若子曰由之勇賢於丘曰子張之爲人奚若子曰師之莊賢於丘子夏避席而問曰然則四子何爲事先生子曰居吾語汝夫回能信而不能反（反謂反信也君子言不必信唯義所在耳）賜能敏而不能詘（言人雖辯敏亦宜有屈折時也）由能勇而不能怯師能莊而不能同（言人雖矜莊亦當有和同時也）兼四子者之有以易吾弗與也此其所以事吾

而弗貳也

孔子遊於泰山見榮聲期（聲宜爲啓或曰榮益期也）行乎郕之野鹿裘帶索鼓琴而歌孔子問曰先生所以爲樂者何也期對曰吾樂甚多而至者三天生萬物唯人爲貴吾既得爲人是一樂也男女之別男尊女卑故人以男爲貴吾既得爲男是二樂也人生有不見日月不免襁褓者吾既以行年九十五矣是三樂也貧者士之常死者人之終處常得終當何憂哉孔子

曰善哉能自寬者也得空爲待
孔子曰回有君子之道四焉強於行義弱於
受諫怵於待祿怵怵惕也待空爲持也愼於治身史鰌有
君子之道三焉不仕而敬上不祀而敬鬼直
己而曲於人曾子侍曰參昔者常聞夫子三
言而未之能行也夫子見人之一善而忘其
百非是夫子之易事也見人之有善若己有
之是夫子之不爭也聞善必躬行之然後導
之是夫子之能勞也學夫子之三言而未能

行以自知終不及二子者也二子顔回史鰌也

孔子曰吾死之後則商也日益賜也日損曾子曰何謂也子曰商也好與賢己者處賜也好說不若己者不知其子視其父不知其人視其友不知其君視其所使不知其地視其草木故曰與善人居如入芝蘭之室久而不聞其香即與之化矣與不善人居如入鮑魚之肆久而不聞其臭亦與之化矣丹之所藏者赤漆之所藏者黑是以君子必慎其所與處

者焉
曾子從孔子于齊齊景公以下卿之禮聘曾子曾子固辭將行晏子送之曰吾聞之君子遺人以財不若善言今夫蘭本三年湛之以鹿醢既成噉之則易之匹馬非蘭之本性也所以湛者美矣願子詳其所湛者夫君子居必擇處遊必擇方仕必擇君擇君所以求仕擇方所以脩道遷風移俗嗜欲移性可不慎乎孔子聞之曰晏子之言君子哉依賢者固

不困依富者固不窮馬蚿斬足而復行何也以其輔之者衆孔子曰以富貴而下人何人不鈌字以富貴而愛人何人不親發言不逆可謂知言矣言而衆響之可謂知時矣是故以富而能富人者欲貧不可得也以貴而能貴人者欲賤不可得也以達而能達人者欲窮不可得也孔子曰中人之情也有餘則侈不足則儉無禁則淫無度則逸從欲則敗是故鞭扑之子不從父之教刑戮之民不從君之

令此言疾之難忍急之難行也故君子不急斷不急制使飲食有量衣食有節宮室有度畜積有數車器有限所以防亂之原也夫度量不可明是中人所由之令（教令之令）孔子曰巧而好度必攻（攻堅）勇而好問必勝智而好謀必成以愚者反之是以非其人告之弗聽非其地樹之弗生得其人如聚砂而雨之（言立入也）非其人如會聾而鼓之夫處重擅寵專事妬賢愚者之情也位高則危任重則崩可立而待

孔子曰：舟非水不行，水入舟則沒；君非民不治，民犯上則傾。是故君子不可不嚴也，小人不可不整一也。

齊高庭問於孔子曰：庭不曠山，不直地，（庭，高庭名也。曠，隔也。不以山爲隔，踰山而來，直空爲植，不根於地，不遠來也。）衣穰而提贄，（穰，蒿草衣。提，持。贄，所以執爲禮也。）精氣以問事君子之道，願夫子告之。孔子曰：貞以幹之，（貞正以爲幹植。）敬以輔之，施仁無倦。見君子則舉之，見小人則退之。去汝惡心而忠與之，效其行，脩其禮，千里之外，親如兄弟。行不效禮不脩則對門不汝通矣夫終日言不遺己之憂終日行不遺己之患唯智者能之故自脩者必恐懼以除患恭儉以避難者也終身爲善一言則敗之可不慎乎

辯物第十六

季桓子穿井獲如土缶其中有羊焉使使問於孔子曰吾穿井於費而於井中得一狗何也孔子曰丘之所聞者羊也丘聞之木石之怪夔蝄蜽水之怪龍罔象土之怪羵羊也

吳伐越隳會稽（吳王夫差敗越王句踐棲於會稽吳人隳會稽山也隳毀也）獲巨骨一節專車焉吳子使來聘於魯且問之孔子命使者曰無以吾命也賓既將事乃發幣於大夫及孔子（賜大夫及孔子）孔子爵之（飲酒）既徹俎而燕客執骨而問曰敢問骨何如爲大孔子曰丘聞之昔禹致羣臣於會稽之山防風後至禹殺而戮之其骨專車焉此爲大矣客曰敢問誰守爲神孔子曰山川之靈足以紀綱天下者其守爲神（守山川之祀者爲神）諸矦社稷之守爲公矦（但守

社稷無山川之祀者直爲公矦而已山川之祀者爲諸矦皆屬於王神與公矦之屬也客曰防風何守孔子曰汪芒氏之君守封嵎山者汪芒國名封嵎山名爲漆姓在虞夏商爲汪芒氏於周爲長翟氏今曰大人周之初及當孔子之時其名異也有客曰人長之極幾何孔子曰焦僥氏長三尺短之至也長者不過十數之極也

孔子在陳陳惠公賓之于上館時有隼集陳矦之庭而死隼鳥也始集庭便死楛矢貫之石砮楛木名砮箭鏃其長尺有咫咫八寸也惠公使人持隼如孔子館而

問焉孔子曰隼之來遠矣此肅愼氏之矢肅愼氏之矢也昔武王克商通道于九夷百蠻九夷東方九種百蠻夷狄百種使各以其方賄來貢而無忘職業於是肅愼氏貢楛矢石砮其長尺有咫先王欲昭其令德之致遠物也以示後人使永鑒焉故銘其括曰肅愼氏貢楛矢楛箭括也以分大姬配胡公而封諸陳大姬武王女胡公舜之後古者分同姓以珍玉所以展親親也分異姓以遠方之職貢所以無忘服也故分陳以肅愼氏貢焉君若使有

司求諸故府其可得也公使人求得之金櫝

如之櫝匱也

郯子朝魯魯人問曰少皓氏以鳥名官何也魯人叔孫昭子少昊金天氏也對曰吾祖也我知之昔黃帝以雲

紀官故爲雲師而雲名黃帝軒轅氏師長也雲紀其官長而爲官名者也炎

帝以火神農氏也共工以水共工霸九州也大昊以龍包犧氏也

其義一也火師而火名也龍師而龍名也我高祖少皓摯之立也

鳳鳥適至是以紀之於鳥故爲鳥師而鳥名

自顓頊氏以來不能紀遠乃紀於近爲民師

而命以民事則不能故也言不能紀遠方孔子聞之遂見郯子而學焉既而告人曰吾聞之天子失官學在四夷猶信郯小國也故吳伐郯季文子歎曰中國不振旅蠻夷入伐吾亡無日矣孔子稱官學在四夷疾時之廢學也郯少昊之後以其世則遠矣以其國則小矣魯公之後以其世則近矣以其國則大矣然其知禮不若郯子故孔子發此言疾時之不學也

邾隱公朝于魯子貢觀焉子貢時爲魯大夫也邾子執玉高其容仰定公受玉卑其容俯玉所以聘于王子貢曰以禮觀之二君者將有死亡焉夫禮生死存亡之體將左右周旋進退俯仰於是乎取之

朝祀喪戎於是乎觀之今正月相朝而皆不度（不得其法度也）心以亡矣嘉事不體（朝聘亦嘉事也不體不得其體）何以能久高仰驕也卑俯替也驕近亂替近疾君爲主其先亡乎夏五月公薨又邾子出奔孔子曰賜不幸而言中是賜多言

孔子在陳陳侯就之燕焉子遊行路之人云魯司鐸災（司鐸官名）及宗廟以告孔子子曰所及者其桓僖之廟（桓公僖公）陳侯曰何以知之子曰禮祖有功而宗有德故不毀其廟焉今桓僖

之親盡矣又功德不足以存其廟而魯不毀
是以天災加之三日魯使至問焉則桓僖也
陳侯謂子貢曰吾乃今知聖人之可貴對曰
君之知之可矣未若專其道而行其化之善
也
陽虎既犇齊自齊犇晉適趙氏孔子聞之謂
子路曰趙氏其世有亂乎子路曰權不在焉
豈能爲亂孔子曰非汝所知夫陽虎親富而
不親仁有寵於季孫又將殺之不剋而犇求

容於齊齊人囚之乃亡歸晉是齊魯二國已去其疾趙簡子好利而多信必溺其說而從其謀禍敗所終非一世可知也

季康子問於孔子曰今周十二月夏之十月而猶有螽何也孔子對曰丘聞之火伏而後蟄者畢（火大火心星也蟄蟄蟲也）今火猶西流司歷過也季康子曰所失者幾月也孔子曰於夏十月火既沒矣今火見再失閏也

吳王夫差將與哀公見晉侯（吴子會哀公十三年與晉侯會于黄池）

子服景伯對使者曰王合諸侯則伯率侯牧以見於王（伯王官侯牧方伯名）伯合諸侯則侯率子男以見於伯（伯侯牧也）今諸侯會而君與寡君見晉君則晉成爲伯矣且執事以伯召諸侯而以侯終之何利之有焉吳人乃止既而悔之遂囚景伯伯謂太宰嚭曰魯將以十月上辛有事于上帝先王季辛而畢（有事祭所以欺吳也）何也世有職焉（何景伯名）自襄已來未之改也（襄魯襄公是也）若其不會祝宗將曰吳實然嚭言於夫差歸之子貢聞

之見於孔子曰子服氏之子拙於說矣以實獲因以詐得免孔子曰吳子爲夷德可欺而不可以實是聽者之蔽非說者之拙

叔孫氏之車士曰子鉏商車士持車者子姓也鉏商名採薪於大野春秋經魯哀公十四年西狩獲麟傳曰西狩大野今此曰採薪於大野時實自狩鉏商非狩者採薪西獲麟麟瑞物時見狩獲故經書西狩獲麟也獲麟焉折其前左足載以歸叔孫以爲不祥棄之於郭外傳曰以賜虞人棄之郭外將以賜虞人也使人告孔子曰有麏而角者何也孔子往觀之曰麟也胡爲來哉胡爲來哉反袂拭面涕泣沾

衿叔孫聞之然後取之子貢問曰夫子何泣爾孔子曰麟之至爲明王也出非其時而見害吾是以傷焉

哀公問政第十七

哀公問政於孔子孔子對曰文武之政布在方策方板其人存則其政舉其人亡則其政息天道敏生人道敏政地道敏樹夫政者猶蒲盧也蒲盧蜾蠃也謂土蜂也取螟蛉而化之以爲子爲政化百姓亦如之者也待化以成故爲政在於得人取人以身脩道以仁仁者人也

親親爲大義者宜也尊賢爲大親親之教尊賢之等禮所以生也禮者政之本也是以君子不可以不脩身思脩身不可以不事親思事親不可以不知人思知人不可以不知天天下之達道有五其所以行之者三曰君臣也父子也夫婦也昆弟也朋友也五者天下之達道智仁勇三者天下之達德也所以行之者一也或生而知之或學而知之或困而知之及其知之一也或安而行之或利而行

之或勉強而行之及其成功一也公曰子之
言美矣至矣寡人實固不足以成之也孔子
曰好學近乎智力行近乎仁知恥近乎勇知
斯三者則知所以脩身知所以脩身則知所
以治人知所以治人則能成天下國家者矣
公曰政其盡此而已乎孔子曰凡爲天下國
家有九經曰脩身也尊賢也親親也敬大臣
也體羣臣也重庶民也來百工也柔遠人也
懷諸侯也夫脩身則道立尊賢則不惑親親

則諸父兄弟不怨敬大臣則不眩體羣臣則士之報禮重重庶民則百姓勸來百工則財用足柔遠人則四方歸之懷諸侯則天下畏之公曰爲之奈何孔子曰齋絜盛服非禮不動所以脩身也去讒遠色賤利而貴德所以尊賢也爵其能重其禄同其好惡所以篤親親也官盛任使所以敬大臣也盛其官委任使之也忠信重禄所以勸士也忠信者與之重禄也時使薄斂所以子百姓也日省月考餼廩稱事所以來百工也

餼廩食之多福稱其事也送往迎來嘉善而矜不能所以綏遠人也繼絕世舉廢邦治亂持危朝聘以時厚往而薄來所以懷諸侯也治天下國家有九經其所以行之者一也凡事豫則立不豫則廢言前定則不跲跲躓事前定則不困行前定則不疚道前定則不窮在下位不獲于上民弗可得而治矣獲于上有道不信于友不獲于上矣信于友有道不順于親不信于友矣順于親有道反諸身不誠不順于親矣誠

身有道不明于善不誠于身矣誠者天之道也誠之者人之道也夫誠弗勉而中不思而得從容中道聖人之所以定體也誠之者擇善而固執之者也公曰子之教寡人備矣敢問行之所始孔子曰立愛自親始教民睦也立敬自長始教民順也教之慈睦而民貴有親教以敬而民貴用命民既孝於親又順以聽命措諸天下無所不可公曰寡人既得聞此言也懼不能果行而獲罪咎

宰我問於孔子曰吾聞鬼神之名而不知所謂敢問焉孔子曰人生有氣有魄氣者神之盛也精氣者人神之盛也衆生必死死必歸土此謂鬼魂氣歸天此謂神合鬼與神而享之教之至也合鬼神而事之者孝道之至孝者教之所由生也骨肉弊於下化爲野土其氣揚于上此神之著也聖人因物之精制爲之極極中制爲中法明命鬼神以爲民之則明命猶尊名使民事其祖禰也而猶以是爲未足也故築爲宮室設爲宗祧宗宗廟也祧遠廟也天子特有二祧諸侯爲始祖爲祧也春秋祭祀以別親疏教

民反古復始不敢忘其所由生也衆之服自此故聽且速焉（聽謂愼教令也）教以二端二端既立報以二禮（二端謂氣魄也二禮謂薦黍稷也）建設朝事（薦腥時也）燔燎羶薌所以報氣也（謂以蕭光取祭脂以合羶香也）薦黍稷（所謂饋食）脩肺肝加以鬱鬯所以報魄也（鬱香草鬯樽也）此教民脩本反始崇愛上下用情禮之至也（民能不忘其所由生然後能相愛也上下謂尊卑用情謂親也）君子反古復始不忘其所由生是以致其敬發其情竭力從事不敢不自盡也此之謂大教昔者文王之祭也事死如事生

思死而不欲生忌日則必哀稱諱則如見親祀之忠也思之深如見親之所愛祭欲見親之顔色者其唯文王與詩云明發不寐有懷二人則文王之謂與（假此詩以喻文王二人謂父母也）祭之明日明發不寐有懷二人敬而致之又從而思之祭之日樂與哀半饗之必樂已至必哀（已至謂祭事已畢不知親饗否故哀）孝子之情也文王爲能得之矣

孔氏家語卷第四

新增

全圖孔子家語

上海啟新書局印行

卷五之六

孔氏家語卷第五

王肅注

顏回第十八

魯定公問於顏回曰子亦聞東野畢之善御乎對曰善則善矣雖然其馬將必佚定公色不悦謂左右曰君子固有誣人也顏回退後三日牧來訴之曰東野畢之馬佚兩驂曳兩服入于廄公聞之越席而起促駕召顏回回至公曰前日寡人問吾子以東野畢之御而

子曰善則善矣其馬將佚不識吾子奚以知之顔回對曰以政知之昔者帝舜巧於使民造父巧於使馬舜不窮其民力造父不窮其馬力是以舜無佚民造父無佚馬今東野畢之御也升馬執轡銜體正矣馬非爲車步驟馳騁朝禮畢矣馬步驟馳騁盡禮之儀也歷險致遠馬力盡矣然而猶乃求馬不已臣以此知之公曰善誠若吾子之言也吾子之言其義大矣願少進乎顔回曰臣聞之鳥窮則啄獸窮則攫人窮則

詐馬窮則佚自古及今未有窮其下而能無危者也公悅遂以告孔子孔子對曰夫其所以爲顏回者此之類也豈足多哉

孔子在衞昧旦晨興顏回侍側聞哭者之聲甚哀子曰回汝知此何所哭乎對曰回以此哭聲非但爲死者而已又有生離別者也子曰何以知之對曰回聞桓山之鳥生四子焉羽翼既成將分于四海其母悲鳴而送之哀聲有似於此謂其往而不返也回竊以音類

知之孔子使人問哭者果曰父死家貧賣子以葬與之長決子曰回也善於識音矣

顏回問於孔子曰成人之行若何子曰達于情性之理通於物類之變知幽明之故覩游氣之原若此可謂成人矣既能成人而又加之以仁義禮樂成人之行也若乃窮神知禮德之盛也禮宜爲化

顏回問於孔子曰臧文仲武仲孰賢孔子曰武仲賢哉顏回曰武仲世稱聖人而身不免

於罪，是智不足稱也；武仲爲季氏廢適立庶，爲孟氏所譖，出犇于齊。好言兵討而挫銳於邾，是智不足名也。武仲與邾戰而敗績，國人頌之曰：我君小子，侏儒是使；侏儒侏儒，使我敗於邾。夫文仲其身雖歿而言不朽，惡有未賢？立不朽之言，故以爲賢。孔子曰：身歿言立，所以爲文仲也。然猶有不仁者三、不智者三，是則不及武仲也。回曰：可得聞乎？孔子曰：下展禽，展禽，柳下惠，知其賢而使在下位，不與立於朝也。置六關，六關，關名。魯本無此關，文仲置之以稅行者，故爲不仁。傳曰廢六關，非也。妾織蒲，傳曰：織蒲，蒲席也。言文仲爲國爲家在於貪利也。三不仁。設虛器，居蔡。蔡，天子之守龜，非文仲所有，故曰虛器也。縱逆祀，夏父弗忌爲宋人，躋僖公於閔公之上，文仲縱

而不禁也祠海鳥海鳥止于魯東門之上文仲不知而令國人祠之是不知也三不智

武仲在齊齊將有禍不受其田以避其難武仲在齊齊莊公將與之田武仲知莊公將有難辭而不受也是智之難也夫臧武仲之智而不容於魯抑有由焉作而不順施而不恕也夫不順不恕爲發適立庶武仲之所以然欲爲施於季氏也夏書曰念茲在茲順事恕施今此在常當順其事恕其施也

顏回問君子孔子曰愛近仁度近智度事而行近於智也爲己不重爲人不輕君子也夫不重爲人回曰敢問其次子曰弗學而行弗思而得小子勉之

仲孫何忌問於顏回曰仁者一言而必有益於仁智可得聞乎回曰一言而有益於智莫如預一言而有益於仁莫如恕夫知其所不可由斯知所由矣

顏回問小人孔子曰毀人之善以爲辯狡訐懷詐以爲智幸人之有過恥學而羞不能小人也

顏回問子路曰力猛於德而得其死者鮮矣盍慎諸焉孔子謂顏回曰人莫不知此道之

美而莫之御也御猶待也莫之為也何居為聞者
盍曰思也夫為聞盍曰有聞而後言者而已
顏回問於孔子曰小人之言有同乎君子者
不可不察也孔子曰君子以行言小人以舌
言故君子於為義之上相疾也退而相愛相疾
急欲相勸令為仁義小人於為亂之上相愛也退而相惡樂施為亂是以相愛小人之不能久親也
顏回問朋友之際如何孔子曰君子之於朋
友也心必有非焉而弗能謂吾不知其仁人

也不忘久德不思久怨仁矣夫
叔孫武叔見未仕於顏回回曰賓之武叔多
稱人之過而己評論之顏回曰固子之來辱
也宜有得於回焉吾聞諸孔子曰言人之惡
非所以美己言人之枉非所以正己故君子
攻其惡無攻人之惡
顏回謂子貢曰吾聞諸夫子身不用禮而望
禮於人身不用德而望德於人亂也夫子之
言不可不思也

子路初見第十九

子路見孔子，子曰汝何好樂對曰好長劍孔子曰吾非此之問也徒謂以子之所能而加之以學問豈可及乎子路曰學豈益也哉孔子曰夫人君而無諫臣則失正士而無教友則失聽御狂馬不釋策（御狂馬者不得釋箠策也）操弓不反檠（弓不反於檠然後可持也）木受繩則直人受諫則聖受學重問孰不順哉毀仁惡士必近於刑（謗毀仁者憎怨士人必主於刑也）君子不可不學子路曰南山有竹不揉

自直斬而用之達于犀革以此言之何學之有孔子曰括而羽之鏃而礪之其入之不亦深乎子路再拜曰敬而受教

子路將行辭於孔子子曰贈汝以車乎贈汝以言乎子路曰請以言孔子曰不強不達人不以強力則不能自達不勞無功不忠無親不信無復信近於義言可復也令而不信則無可復不恭失禮慎此五者而已子路曰由請終身奉之敢問親交取親若何言寡可行若何長為善士而無犯若何孔子曰汝所

問苞在五者中矣親交取親其忠也言寡可行其信乎長爲善士而無犯於禮也

孔子爲魯司寇見季康子康子不悅當爲桓子非康子也孔子又見之宰予進曰昔予也常聞諸夫子曰王公不我聘則弗動今夫子之於司寇也日少謂在司寇官少日淺而屈節數矣謂屈節數見於季孫不可以巳乎孔子曰然魯國以衆相陵以兵相暴之日久矣而有司不治則將亂也其聘我者孰大於是哉言聘我使在官其爲治豈復可大於此者也魯人聞之曰聖人將

治何不先自遠刑罰自此之後國無爭者孔子謂宰予曰違山十里蟪蛄之聲猶在於耳故政事莫如應之違去也蟪蛄蛁蟧也蛁蟧之聲去山十里猶在於耳以其鳴而不已言政事須慎聽之然後行之者也

孔子兄子有孔蔑者與宓子賤皆仕孔子往過孔蔑而問之曰自汝之仕何得何亡對曰未有所得而所亡者三王事若龍龍宜爲襲言前後相因也巳學焉得習言不得習學也是學不得明也俸祿少饘粥不及親戚是骨肉益踈也公事多急不得弔

死問疾是朋友之道闕也其所亡者三即謂此也孔子不悅往過子賤問如孔蔑對曰自來仕者無所亡其有所得者三始誦之今得而行之是學益明也俸禄所供被及親戚是骨肉益親也雖有公事而兼以弔死問疾是朋友篤也孔子喟然謂子賤曰君子哉若人（若人猶言是人者也）魯無君子者則子賤焉取此（如魯無君子者此人安得而學之言魯有君子也）

孔子侍坐於哀公賜之桃與黍焉哀公曰請

孔子先食黍而後食桃左右皆掩口而笑公曰黍者所以雪（雪拭）桃非爲食之也孔子對曰丘知之矣然夫黍者五穀之長郊禮宗廟以爲上盛果屬有六而桃爲下祭祀不用不登郊廟丘聞之君子以賤雪貴不聞以貴雪賤今以五穀之長雪果之下者是從上雪下臣以爲妨於教害於義故不敢公曰善哉

子貢曰陳靈公宣淫於朝（靈公與卿共淫夏姬）泄治正諫而殺之是與比干諫而死同可謂仁乎子曰

比干於紂親則諸父官則少師忠報之心在於宗廟而已固必以死爭之冀身死之後紂將悔寤其本志情在於仁者也泄冶之於靈公位在大夫無骨肉之親懷寵不去仕於亂朝以區區之一身欲正一國之淫昏死而無益可謂狷矣詩曰民之多僻無自立辟（僻邪辟法）其泄冶之謂乎

孔子相魯齊人患其將霸欲敗其政乃選好女子八十人衣以文飾而舞容璣（容璣舞曲）及文

馬四十駟（駟四馬也）以遺魯君陳女樂列文馬于魯城南高門外季桓子微服往觀之再三將受焉告魯君爲周道遊觀觀之終日怠於政事子路言於孔子曰夫子可以行矣孔子曰魯今且郊若致膰於大夫（膰祭肉也）則是未廢其常吾猶可以止也桓子既受女樂君臣淫荒三日不聽國政郊又不致膰俎孔子遂行宿於郭屯師巳送曰夫子非罪也孔子曰吾歌可乎歌曰彼婦人之口可以出走彼婦人之

請可以死敗（謂婦人口請謁足以使人死敗故可出走）優哉游哉聊以卒歲（言士不遇優游以終歲也）

澹臺子羽有君子之容而行不勝其貌宰我有文雅之辭而智不充其辯孔子曰里語云相馬以輿相士以居弗可廢矣以容取人則失之子羽以辭取人則失之宰予孔子曰君子以其所不能畏人小人以其所不能不信人故君子長人之才小人抑人而取勝焉

孔蔑問行己之道子曰知而弗為莫如勿知

親而弗信莫如勿親樂之方至樂而勿驕患之將至思而勿憂孔蔑曰行己乎子曰攻其所不能補其所不備毋以其所不能疑人毋以其所能驕人終日言無遺己憂終日行不遺己患唯智者有之

在厄第二十

楚昭王聘孔子孔子往拜禮焉路出于陳蔡陳蔡大夫相與謀曰孔子聖賢其所刺譏皆中諸侯之病若用於楚則陳蔡危矣遂使徒

兵距孔子孔子不得行絶糧七日外無所通黎羹不充從者皆病孔子愈慷慨講誦弦歌不衰乃召子路而問焉曰詩云匪兕匪虎率彼曠野率循也言非兕虎而循曠野也吾道非乎奚爲至於此子路慍作色而對曰君子無所困意者夫子未仁與人之弗吾信也言人不信豈以未仁故也意者夫子未智與人之弗吾行也言人不使通行而困窮者豈以吾未智也且由也昔者聞諸夫子爲善者天報之以福爲不善者天報之以禍今夫子積德懷義行之久矣

奚居之窮也子曰由未之識也吾語汝汝以仁者爲必信也則伯夷叔齊不餓死首陽汝以智者爲必用也則王子比干不見剖心汝以忠者爲必報也則關龍逢不見刑汝以諫者爲必聽也則伍子胥不見殺夫遇不遇者時也賢不肖者才也君子博學深謀而不遇時者衆矣何獨丘哉且芝蘭生於深林不以無人而不芳君子修道立德不爲窮困而敗節爲之者人也生死者命也是以晉重耳之

有霸心生於曹衛（重耳晉文公也爲公子時出奔困於曹衛）越王句踐之有霸心生於會稽（言越王之有霸心乃坐困於會稽之時也）故居下而無憂者則思不遠處身而常逸者則志不廣庸知其終始乎（庸用也汝何用知其終始或者若文公越王之時也）子路出召子貢告如子路子貢曰夫子之道至大故天下莫能容夫子夫子盍少貶焉子曰賜良農能稼不必能穡（種之爲稼斂之爲穡言良農能善種之未必能斂穫之也）良工能巧不能爲順（言良工能巧不能每順人意也）君子能修其道綱而紀之不必其能容今不修其道而求其容

賜爾志不廣矣思不遠矣子貢出顏回入問亦如之顏回曰夫子之道至大天下莫能容雖然夫子推而行之世不我用有國者之醜也夫子何病焉不容然後見君子孔子欣然歎曰有是哉顏氏之子吾亦使爾多財吾爲爾宰（宰主財者也爲汝主財言志同也）

子路問於孔子曰君子亦有憂乎子曰無也君子之修行也其未得之則樂其意既得之又樂其治是以有終身之樂無一日之憂小

人則不然其未得也患弗得之既得之又恐失之是以有終身之憂無一日之樂也

曾子弊衣而耕於魯魯君聞之而致邑焉曾子固辭不受或曰非子之求君自致之奚固辭也曾子曰吾聞受人施者常畏人與人者常驕人縱君有賜不我驕也吾豈能勿畏乎孔子聞之曰參之言足以全其節也

孔子厄於陳蔡從者七日不食子貢以所齎貨竊犯圍而出告糴於野人得米一石焉顏

回仲由炊之於壞屋之下有埃墨墮飯中顔
回取而食之子貢自井望見之不悅以爲竊
食也入問孔子曰仁人廉士窮改節乎孔子
曰改節即何稱於仁廉哉子貢曰若回也其
不改節乎子曰然子貢以所飯告孔子子曰
吾信回之爲仁久矣雖汝有云弗以疑也其
或者必有故乎汝止吾將問之召顔回曰疇
昔予夢見先人豈或啓祐我哉子炊而進飯
吾將進焉對曰向有埃墨墮飯中欲置之則

不潔欲棄之則可惜回即食之不可祭也孔子曰然乎吾亦食之顏回出孔子顧謂二三子曰吾之信回也非待今日也二三子由此乃服之

入官第二十一

子張問入官於孔子入官謂當官治民之職也孔子曰安身取譽爲難子張曰爲之如何孔子曰己有善勿專雖有善當與下共之勿專以爲己有者也教不能勿怠怠懈已過勿發言人巳過誤無所傷害勿發揚失言勿掎有人失言勿掎角之不善勿遂己有

不善不可遂行行事勿留（宜行之事勿令留滯）君子入官自此六者則身安譽至而政從矣（衆從其政無違教也）且夫忿數者官獄所由生也拒諫者慮之所以塞也慢易者禮之所以失也怠惰者時之所以後也奢侈者財之所以不足也專獨者事之所以不成也君子入官除此六者則身安譽至而政從矣故君子南面臨官大域之中而公治之（大域猶辜較也）精智而略行之（以情知之略舉其要而行之）合是忠信考是大倫存是美惡進是利而除是害無求其

報焉而民之情可得也夫臨之無抗民之惡治民無抗揚之志也勝之無犯民之言以慎勝民言不犯民量之無佼民之辭佼猶周也度量而施政辭不周民也養之無擾於其時愛之無寬於刑灋言雖愛民不可寬於刑法威尅其愛故事無不成也若此則身安譽至而民得也君子以臨官所見則邇故明不可蔽也所見邇謂察於微也所求於邇故不勞而得也所求者近故不勞而得也所以治者約故不用衆而譽立凡法象在內故法不遠而源泉不竭法象近在於內故不遠而源泉不竭是以天下積而本不寡言天下之事皆積聚而成如源泉之本非徒不盡

竭乃不寡短長得其量人志治而不亂政德貫乎心藏乎志刑乎色發乎聲若此而身安譽至民咸自治矣是故臨官不治則亂亂生則爭之者至爭之至又於亂小亂則爭爭之甚者又大亂至矣明君必寬裕以容其民慈愛優柔之而民自得矣行者政之始也行爲政始言民從行不從言也說者情之導也言說者但導達其情善政行易則民不怨言善政行簡易而民無怨者也言調說和則民不變調適也言適於事說和於民則不變法在身則民象之言法度常在身則民法之明在己則民顯之若乃供己而不節

則財利之生者微矣言自供不節於財財不可供生財之道微矣貪以不得則善政必簡矣言徒貪於不得財善政則簡略而不脩也苟以亂之則善言必不聽也詳以納之則規諫日至納善言也言之善者在所日聞日聞善言可行於今日也行之善者在所能為故君上者民之儀也有司執政者民之表也邇臣便僻者羣僕之倫也僻宜為辟便辟執事在君之左右者倫紀也為衆之紀故儀不正則民失表不端則百姓亂邇臣便僻則羣臣汙矣是以人主不可不敬乎三倫君子脩身反道察里言而服之

服行則身安譽至終始在焉故夫女子必自擇絲麻良工必自擇完材賢君必自擇左右勞於取人佚於治事君子欲譽則必謹其左右爲上者譬如緣木焉務高而畏下兹甚六馬之乖離必於四達之交衢萬民之叛道必於君上之失政上者尊嚴而危民者卑賤而神君有愛思之心感於民故謂如神愛之則存惡之則亡長民者必明此之要故南面臨官貴而不驕富而能供供宜爲恭古恭字也有本而能圖末脩事而能建業旣能脩治舊事

又能建立功業也久居而不滯情近而暢乎遠察一物而貫乎多治一物而萬物不能亂者以身本者也君子莅民不可以不知民之性而達諸民之情旣知其性又習其情然後民乃從命矣故世舉則民親之政均則民無怨故君子莅民不臨以高不亢揚也不導以遠不責民之所不爲不強民之所不能以明王之功不因其情則民嚴而不迎迎奉也民嚴畏其上而不奉迎其教篤之以累年之業不因其力則民引而不從引弘也教之以非其力之所堪則民

引而不從其教者矣若責民所不爲強民所不能則民疾疾則僻矣民疾其上即邪僻之心生古者聖主冕而前旒所以蔽明也紘紞充耳所以揜聰也水至清即無魚人至察則無徒枉而直之使自得之優而柔之使自求之優寬也柔和也使自求其宜也揆而度之使自索之揆度其法以開示之使自索得之也民有小過必求其善以赦其過民有大罪必原其故以仁輔化如有死罪其使之生則善也是以上下親而不離道化流而不蘊蘊滯積也故德者政之始也政不和

則民不從其教矣不從教則民不習不習則不可得而使也君子欲言之見信也莫善乎先虛其內虛其內謂直道而行無情欲也欲政之速行也莫善乎以身先之欲民之速服也莫善乎以道御之故雖服必強言民雖服必以威強之非心服也自非忠信則無可以取親於百姓者矣內外不相應則無可以取信於庶民者矣此治民之至道矣入官之大統矣子張既聞孔子斯言遂退而記之

困誓第二十二

子貢問於孔子曰賜倦於學困於道矣願息
而事君可乎孔子曰詩云溫恭朝夕執事有
恪敬也事君之難也焉可息哉曰然則賜願息
而事親孔子曰詩云孝子不匱永錫爾類匱竭
也類善也孝子之道不匱竭者能以類相傳長錫爾以善道也事親之難也焉可以息
哉曰然則賜請願息於妻子孔子曰詩云刑于
寡妻至于兄弟以御于家邦刑法也寡適也御正也文王以正法接其寡妻
至于同姓兄弟以正治天下之國家者矣妻子之難也焉可以息哉曰
然則賜願息於朋友孔子曰詩云朋友攸攝攝

以威儀朋友之難也焉可以息哉曰然則賜願息於耕矣孔子曰詩云晝爾于茅宵爾索綯亟其乘屋其始播百穀宵夜綯絞也當以時治屋也亟疾也當亟乘爾屋以善治之也其復當脩農播百穀言無懈怠耕之難也焉可以息哉曰然則賜將無所息者也孔子曰有焉自望其廣則睪如也廣空爲壙睪高貌壙而高冢是也視其高則塡如也塡塞實貌也冢雖高而塞實也察其從則隔如也言其隔而不得復相從也此其所以息也矣子貢曰大哉乎死也君子息焉小人休焉大哉乎死也

孔子自衛將入晉至河聞趙簡子殺竇犨鳴犢及舜華乃臨河而歎曰美哉水洋洋乎丘之不濟此命也夫子貢趨而進曰敢問何謂也孔子曰竇犨鳴犢舜華晉之賢大夫也趙簡子未得志之時須此二人而後從政及其已得志也而殺之丘聞之刳胎殺夭則麒麟不至其郊竭澤而漁則蛟龍不處其淵覆巢破卵則鳳凰不翔其邑何則君子違傷其類者也違去也違或作諱也鳥獸之於不義尚知避之況於

人乎遂還息於郰作槃琴以哀之〔槃操琴曲名也〕子路問於孔子曰有人於此夙興夜寐耕芸樹藝手足胼胝以養其親然而名不稱孝何也孔子曰意者身不敬與辭不順與色不悅與古之人有言曰人與己與不汝欺〔言人與己事實相通不相欺也〕今盡力養親而無三者之闕何謂無孝之名乎孔子曰由汝志之吾語汝雖有國士之力而不能自舉其身非力之少勢不可矣夫內行不脩身之罪也行脩而名不彰友之

罪也行脩而名自立故君子入則篤行出則交賢何爲無孝名乎

孔子遭厄於陳蔡之間絕糧七日弟子餒病孔子弦歌子路入見曰夫子之歌禮乎孔子弗應曲終而曰由來吾語汝君子好樂爲無驕也小人好樂爲無懾也懾懼其誰之子不我知而從我者乎其誰之子猶言以誰氏子謂子路也雖從我而不知我也子路悅援戚而舞三終而出明日免於厄子貢執轡曰二三子從夫子而遭此難也其弗忘矣孔

子曰善惡何也善子貢言也惡何猶言是何也夫陳蔡之間丘之幸也二三子從丘者皆幸也吾聞之君不困不成王烈士不困行不彰庸知其非激憤厲志之始於是乎在

孔子之宋匡人簡子以甲士圍之子路怒奮戟將與戰孔子止之曰惡有脩仁義而不免俗者乎夫詩書之不講禮樂之不習是丘之過也若以述先王好古法而爲咎者則非丘之罪也命夫歌予和汝子路彈琴而歌孔子

和之曲三終匡人解甲而罷孔子曰不觀高崖何以知顛墜之患不臨深泉何以知沒溺之患不觀巨海何以知風波之患失之者其不在此乎（不在此三者之域也）士慎此三者則無累於身矣

子貢問於孔子曰賜既爲人下矣而未知爲人下之道敢問之子曰爲人下者其猶土乎汩之深則出泉（汩渥）樹其壤則百穀滋焉草木植焉禽獸育焉生則出焉死則入焉多其功

而不意（功雖多而無所意也）恢其志而無不容（爲人下者當恢弘其志如地無所不容也）爲人下者以此也

孔子適鄭與弟子相失獨立東郭門外或人謂子貢曰東門外有一人焉其長九尺有六寸河目隆顙（河目上下匡平而長顙頰也）其頭似堯其頸似皐繇其肩似子產然自腰以下不及禹者三寸纍然如喪家之狗（喪家狗主人哀荒不見飲食故纍然不得意孔子生於亂世道不得行故纍然是不得意之貌也）子貢以告孔子欣然而歎曰形狀未也如喪家之狗然乎哉然乎哉

孔子適衛路出于蒲會公叔氏以蒲叛衛而止之孔子弟子有公良孺者爲人賢長有勇力以私車五乘從夫子行喟然曰昔吾從夫子遇難于匡又伐樹於宋（孔子與弟子行禮於大樹之下桓魋欲害之故先伐其樹焉）今遇困於此命也夫與其見夫子仍遇於難寧我鬭死挺劍而合衆將與之戰蒲人懼曰苟無適衛吾則出子乃盟孔子而出之東門孔子遂適衛子貢曰盟可負乎孔子曰要我以盟非義也衛侯聞孔子之來喜而於

郊迎之問伐蒲對曰可哉公曰吾大夫以爲蒲者衛之所以恃晉楚也伐之無乃不可乎孔子曰其男子有死之志（公叔氏欲蒲適他國故男子欲死之不樂適也）吾之所伐者不過四五人矣（本與叔孫同畔者也）公曰善卒不果伐他日靈公又與夫子語見飛鴈過而仰視之色不悅孔子乃逝（逝行）

衛蘧伯玉賢而靈公不用彌子瑕不肖反任之史魚驟諫而不從史魚病將卒命其子曰吾在衛朝不能進蘧伯玉退彌子瑕是吾爲

臣不能正君也生而不能正君則死無以成禮我死汝置屍牖下於我畢矣（禮飯於牖下小斂於戶內大斂於阼殯於客位也）其子從之靈公弔焉怪而問焉其子以其父言告公公愕然失容曰是寡人之過也於是命之殯於客位進蘧伯玉而用之退彌子瑕而遠之孔子聞之曰古之列諫之者死則已矣未有若史魚死而屍諫忠感其君者也可不謂直乎

五帝德第二十三

宰我問於孔子曰昔者吾聞諸榮伊曰黃帝三百年請問黃帝者人也抑非人也何以能至三百年乎孔子曰禹湯文武周公不可勝以觀也而上世黃帝之問將謂先生難言之故乎言禹湯以下不可勝觀乃問上世黃帝將爲先生長老難言之故問宰我曰上世之傳隱微之說卒采之辯采事也辯說也卒終也其事之說也闇忽之意闇忽久遠不明非君子之道者則子之問也固矣固陋不得其問孔子曰可也吾略聞其說黃帝者少典之子曰軒轅生而神靈弱而能言幼齊叡莊

敦敏誠信長聰明治五氣（五行之氣）設五量（五量權衡升斛尺丈里步十百）撫萬民度四方（商度四方而撫安定）服牛乘馬擾馴猛獸以與炎帝戰于阪泉之野（炎帝神農氏之後也）三戰而後尅之始垂衣裳作為黼黻（白與黑謂之黼若斧文黑與青謂之黻若兩己相戾）治民以順天地之紀知幽明之故達死生存亡之說播時百穀（時是）嘗味草木仁厚及於鳥獸昆蟲考日月星辰勞耳目勤心力用水火財物以生民民賴其利百年而死民畏其神百年而亡民用其教百年而移故曰黃

帝三百年宰我曰請問帝顓頊孔子曰五帝用說三王有度五帝久遠故用說也三王邇則有成法度汝欲一日徧聞遠古之說躁哉予也宰我曰昔予也聞諸夫子曰小子毋或宿故敢問有所問當問勿令更宿也孔子曰顓頊黃帝之孫昌意之子曰高陽淵而有謀踈通以知遠養財以任地履時以象天依鬼神而制義治氣性以教衆潔誠以祭祀巡四海以寧民北至幽陵南暨交趾西抵流沙東極蟠木動靜之類小大之物日月所照莫

不底屬底，平也。四遠皆平而來服屬之也。宰我曰請問帝嚳孔子曰玄枵之孫喬極之子曰高辛生而神異自言其名博施厚利不於其身聰以知遠明以察微仁而威惠而信以順天地之義知民所急脩身而天下服取地之財而節用之撫教萬民而誨利之歷日月之生朔而迎送之明鬼神而敬事之其色也和其德也重其動也時其服也衷春夏秋冬育護天下日月所照風雨所至莫不從化宰我曰請問帝堯孔子曰高辛氏之子曰陶唐其仁如天其智如神就之如日望之如雲富而不驕貴而能降伯夷典禮龍夔典樂舜時夔典樂龍作納言然則堯時龍亦典樂者也舜時而仕趨視四時務先民始之務先民事以爲始也流四凶而天下服其言不忒其德不回四海之內舟轝所及莫不夷說夷平心悅古通以爲悅字宰我曰請問帝舜孔子曰喬牛之孫瞽瞍之子也曰有虞舜孝友聞於四方陶魰事親爲陶器躬捕魚以養父母寬裕而温良敦敏而知時畏天而愛民恤遠而親近承受大命依

于二女堯妻舜以二女舜動静謀之於二女叡明智通爲天下帝命二十二臣率堯舊職躬己而巳天平地成巡狩四海五載一始三十年在位嗣帝五十載陟方岳死于蒼梧之野而葬焉宰我曰請問禹孔子曰高陽之孫鯀之子也曰夏后敬給克齊其德不爽爽忒其仁可親其言可信聲爲律身爲度以身爲灋度也亹亹穆穆爲紀爲綱其功爲百神主禹治水天下既平然後百神得其所其惠爲民父母左准繩右規矩左右言帝用也履四時所行不違四時之宜據四海任臯繇

伯益以贊其治興六師以征不序四極民莫敢不服孔子曰予大者如天小者如言民悅至矣予也非其人也言不足以明五帝之德也宰我曰予也不足以戒敬承矣他日宰我以語子貢子貢以復孔子子曰吾欲以顔狀取人也則於滅明改之矣吾欲以辭言取人也則於宰我改之矣吾欲以容貌取人也則於子張改之矣宰我聞之懼弗敢見焉

孔氏家語卷第五

孔氏家語卷第六

王肅注

五帝第二十四

季康子問於孔子曰舊聞五帝之名而不知其實請問何謂五帝孔子曰昔丘也聞諸老聃曰天有五行木火金水土分時化育以成萬物（一歲三百六十日五行各主九十二日也化生長育一歲之功萬物莫敢不成）其神謂之五帝（五帝五行之神佐天生物者後世讖緯皆爲之名字亦爲妖怪妄言）古之王者易代而改號取灋五行五行更王終始相生亦象其

義灋五行更王終始相生始以木德王天下其次以生之行轉相承而諸說乃謂五精之帝下生王者其爲蔽惑無可言者也故其爲明王者而死配五行是以太皞配木炎帝配火黃帝配土少皞配金顓頊配水康子曰太皞氏其始之木何如孔子曰五行用事先起於木木東方萬物之初皆出焉是故王者則之而首以木德王天下其次則以所生之行轉相承也木生火火生土之屬康子曰吾聞句芒爲木正祝融爲火正蓐收爲金正玄冥爲水正后土爲土正此則五行之主而不亂稱曰

帝者何也夫子曰凡五正者五行之官名五行佐成上帝而稱五帝太皞之屬配焉亦云帝從其號天至尊物不可以同其號亦兼稱上帝上得包下五行佐成天事謂之五帝以地有五行而其精神在上故亦爲之上帝黄帝之屬故亦稱帝蓋從天五帝之號故王者雖號稱帝而不得稱天帝而曰天子者而天子與父其尊卑相去遠矣曰天王者言乃天下之王也昔少皞氏之子有四叔曰重曰該曰修曰熙實能金木及水使重爲句芒該爲蓐收修及熙爲玄冥顓頊氏之子曰黎爲祝融龔工氏之子曰句龍爲后土此五者各以其所能業爲官職各以一行之官爲職業之事生爲上公死

爲貴神別稱五祀不得同帝五祀上公之神故不得稱帝也其序則五正不及五帝五帝不及天地而不知者以祭禮爲祭地不亦失之遠矣且土與水火俱爲五行是地之子也以子爲母不亦顛倒失尊卑之序康子曰如此之言帝王改號於五行之德各所統則其所以相變者皆主何事怪木家而尚赤所以問也孔子曰所尚則各從其所王之德次焉木次火而木家尚赤者以木德義之著修其母兼其子夏后氏以金德王而尚黑大事斂用昏大事喪昏時亦黑也戎事乘驪黑馬也牲用玄殷人以水德尚白水家尚青而尚白者避木家之尚青大事斂用日中日中白也戎事乘翰翰白色馬牲用白周人以木德王

尚赤大事斂用日出（日出時亦赤也）戎事乘騵（騵駵馬白腹）牲用騂（騂赤類也）此三代之所以不同康子曰唐虞二帝其所尚者何色孔子曰堯以火德王色尚黃舜以土德王色尚青（土家宜尚白土者四行之主王於四季五行用事先起於木色青是以木家避土土家之所尚白）康子曰陶唐有虞夏后殷周獨不得配五帝意者德不及上古邪將有限乎孔子曰古之平治水土及播殖百穀者衆矣唯句龍兼食於社（兼猶配也）而棄爲稷神易代奉之無敢益者明不可與等故自太皞

以降逮于顓頊其應五行而王數非徒五而配五帝是其德不可以多也

執轡第二十五

閔子騫爲費宰問政於孔子子曰以德以灋夫德灋者御民之具猶御馬之有銜勒也君者人也吏者轡也刑者策也夫人君之政執其轡策而已子騫曰敢問古之爲政孔子曰古者天子以内史爲左右手（内史掌政八柄及敘事之灋受納以詔王聽治命孤卿大夫則策命以四方之事書而讀之王制禄則書之策賞則亦如之故王以爲左右手）以德灋爲

銜勒以百官爲轡以刑罰爲策以萬民爲馬故御天下數百年而不失善御馬者正銜勒齊轡策均馬力和馬心故口無聲而馬應轡策不舉而極千里善御民者壹其德灋正其百官以均齊民力和安民心故令不再而民順從刑不用而天下治是以天地德之天地以爲有德而兆民懷之懷歸夫天地之所德兆民之所懷其政美其民而稱之其民爲衆所稱舉也今人言五帝三王者其盛無偶威察若存其盛以明察帝若存其故何也

其灋盛其德厚故思其德必稱其人朝夕祝
之升聞於天上帝俱歆用永厥世而豐其年
不能御民者棄其德灋專用刑辟譬猶御馬
棄其銜勒而專用箠策其不制也可必矣夫
無銜勒而用箠策馬必傷車必敗無德灋而
用刑民必流國必亡治國而無德灋則民無
脩民無脩則迷惑失道如此上帝必以其爲
亂天道也苟亂天道則刑罰暴上下相諛諂諛
莫知念患俱無道故也今人言惡者必比之

於桀紂其故何也其凟不聽其德不厚故民惡其殘虐莫不吁嗟朝夕祝之升聞於天上帝不蠲降之以禍罰災害竝生用殄厥世故曰德凟者御民之本古之御天下者以六官揔治焉冢宰之官以成道（治官所以成道也）司徒之官以成德（教官所以成德）宗伯之官以成仁（禮官所以成仁）司馬之官以成聖（治官所以成聖聖通征伐所以通天下也）司寇之官以成義（刑官所以成義）司空之官以成禮（事官所以成禮禮非事不立也）六官在手以爲轡司會均仁以爲納（納驂馬轡轡繫軾前者司會掌邦之六典

八灋之戒以周知四方之治冢宰之副故不在其六轡而當納故位故曰御四馬者執六轡御天下者正六官是故善御馬者正身以揔轡均馬力齊馬心迴旋曲折唯其所之故可以取長道可赴急疾此聖人所以御天地與人事之灋則也天子以內史爲左右手以六官爲轡已而與三公爲執六官均五教齊五灋仁義禮智信之灋也故亦唯其所引無不如志以之道則國治冢宰治官以之德則國安德教成以之仁則國和禮之用和爲貴則國安以之仁則國和以之聖則國平通治遠近則國平也

以之禮則國定（事物以禮則國定也）以之義則國義（義平也刑罰當罪則國平）此御政之術過失人情莫不有焉過而改之是謂不過故屬不理分職不明瀆政不一百事失紀曰亂亂則飭冢宰（飭謂整齊之也）地而不殖財物不蕃萬民飢寒教訓不行風俗淫僻人民流散曰危危則飭司徒父子不親長幼失序君臣上下乖離異志曰不和不和則飭宗伯賢能而失官爵功勞而失賞祿（司勳之職屬大司馬）士卒疾怨兵弱不用曰不平不平則飭司馬

刑罰暴亂姦邪不勝曰不義不義則飭司寇
度量不審舉事失理都鄙不脩財物失所曰
貧貧則飭司空故御者同是車馬或以取千
里或不及數百里其所謂進退緩急異也夫
治者同是官灋或以致平或以致亂者亦其
所以爲進退緩急異也古者天子常以季冬
考德正灋以觀治亂德盛者治也德薄者亂
也故天子考德則天下之治亂可坐廟堂之
上而知之夫德盛則灋脩德不盛則飭灋與

政咸德而不衰（治與政皆合於德則不殺）故曰王者又以孟春論吏之德及功能能德灋者爲有德能行德灋者爲有行能成德灋者爲有功能治德灋者爲有智故天子論吏而德灋行事治而功成夫季冬正灋孟春論吏治國之要

子夏問於孔子曰商聞易之生人及萬物鳥獸昆蟲各有奇偶氣分不同（易主天地以生萬物言受氣各有分數不齊同）而凡人莫知其情唯達道德者能原其本焉天一地二人三三三如九九九八十一一

主日日數十故人十月而生一主日日從一而生日者陽從奇數日數十從甲至癸也八九七十二偶以從奇奇主辰辰爲月月主馬故馬十二月而生偶以承奇陰以承陽辰數十二從子至亥也七九六十三三主斗斗主狗故狗三月而生斗次日月故三主斗六九五十四四主時時主豕故豕四月而生時以次斗五九四十五五爲音音主猨故猨五月而生適不過五故五爲音四九三十六六爲律律主鹿故鹿六月而生三九二十七七主星星主虎故虎七月而生星二十八宿爲四方方有七故七主星也二九一

十八八主風風風爲蟲故蟲八月而生（風之數盡於八凡主爲風風爲主也）其餘各從其類矣鳥魚生陰而屬於陽故皆卵生魚遊於水鳥遊於雲故立冬則鷰雀入海化爲蛤蠶食而不飲蟬飲而不食蜉蝣不飲不食萬物之所以不同介鱗夏食而冬蟄（介甲蟲也）齕吞者八竅而獸生（八竅鳥屬）齟嚼者九竅而胎生（九竅人及獸屬）四足者無羽翼戴角者無上齒無角無前齒者膏有角無齒者脂（淮南取此義曰無角者膏而無前有角者脂而無後膏豕屬而脂羊屬無前後皆謂銳小也）晝生者類父夜

生者似母是以至陰主牝至陽主牡敢問其然乎孔子曰然吾昔聞諸老聃亦如汝之言子夏曰商聞山書曰地東西爲緯南北爲經山爲積德川爲積刑高者爲生下者爲死丘陵爲牡谿谷爲牝蚌蛤龜珠與日月而盛虛（月盛則蚌蛤之屬滿月虧則虛也）是故堅土之人剛弱土之人柔墟土之人大沙土之人細息土之人美耗土之人醜（耗耗字也息土細緻耗土麁䟽者也）食水者善遊而耐寒食土者無心而不息（螾屬不氣息也）食木者多力而不

治（血氣不治淮南子曰多力而弗戾亦不治之貌者也）食草者善走而愚食桑者有緒而蛾食肉者勇毅而捍食氣者神明而壽食穀者智惠而巧不食者不死而神故曰羽蟲三百有六十而鳳爲之長毛蟲三百有六十而鱗爲之長甲蟲三百有六十而龜爲之長鱗蟲三百有六十而龍爲之長倮蟲三百有六十而人爲之長此乾坤之美也（乾天坤地）殊形異類之數王者動必以道靜必順理以奉天地之性而不害其所主謂之仁聖

焉子夏言終而出子貢進曰商之論也何如孔子曰汝謂何也對曰微則微矣然則非治世之待也孔子曰然各其所能孔子曰然子貢治世不待此事此事之急然亦各其所知能也

本命解第二十六

魯哀公問於孔子曰人之命與性何謂也孔子對曰分於道謂之命分於道謂始得爲人故下句云性命之始形於一謂之性人各受陰陽以剛柔之性故曰形於一化於陰陽象形而發謂之生化窮數盡謂之死故命者性之始

也死者生之終也有始則必有終矣人始生而有不具者五焉目無見不能食行不能言不能化及生三月而微煦煦睛轉也然後有見八月生齒然後能食三年顋合然後能言十有六而精通然後能化陰窮反陽故陰以陽變陽窮反陰故陽以陰化是以男子八月生齒八歲而齔女子七月生齒七歲而齔十有四而化一陽一陰奇偶相配陽數奇陰數偶然後道合化成性命之端形於此也公曰男子十六精通

女子十四而化是則可以生民矣而禮男必三十而有室女必二十而有夫也豈不晚哉孔子曰夫禮言其極不是過也男子二十而冠有爲人父之端女子十五許嫁有適人之道於此而往則自婚矣群生閉藏乎陰而爲化育之始陰爲冬也冬藏物而爲化育始故聖人因時以合耦男子窮天數也極也霜降而婦功成嫁娶者行焉季秋霜降嫁娶者始於此詩云將子無怒秋以爲期也冰泮而農桑起婚禮而殺於此泮散也正月農事起蠶者採桑婚禮始殺言未止也至二月農事始起會男女之無夫家

者奔者期盡比月故也詩云士如歸妻迨冰未泮言如欲使妻歸當及冰未泮散之盛時男子者任天道而長萬物者也知可爲知不可爲知可言知不可言知可行知不可行者也是故審其倫而明其別謂之知所以效匹夫之聽也聽宜爲德女子者順男子之教而長其理者也爲男女長養其理分是故無專制之義而有三從之道幼從父兄既嫁從夫死從子言無再醮之端始嫁言醮禮無再醮之端言不改事人也教令不出于閨門事在供酒食而巳無閫外之非義也閫門限婦人以貞專無閫外之威儀詩云無非無儀酒食是儀

不越境而奔喪事無擅爲行無獨成參知而後動可驗而後言晝不遊庭夜行以火所以効疋婦之德也孔子遂言曰女有五不取逆家子也亂家子也世有刑人子也世有惡疾子也喪父長子也此五者皆不取也逆家子者謂其逆德亂家子者謂其亂倫世有刑人子者謂其棄於人也有惡疾子者謂其棄於天也喪父長子者謂其無受命也婦有七出三不去七出者不順父母出無子出淫僻出嫉妬出惡疾出多口舌出竊盜出不順父母出者其逆德也無子者謂其絕世也淫僻者謂其亂族嫉妬者謂其亂家惡疾者謂其不可供粢盛多口舌者謂其離親竊

盜者（謂其反義）三不去者謂有所取無所歸一也與共更三年之喪二也先貧賤後富貴者三也凡此聖人所以順男女之際重婚姻之始也孔子曰禮之所以象五行也（服之制有五等也）其義四時也故喪禮有舉焉有恩有義有節有權（所舉象時）其恩厚者其服重故爲父母斬衰三年以恩制者也門內之治恩掩義門外之治義掩恩資於事父以事君而敬同貴尊貴尊義之大也故爲君亦服衰三年以義制者也三

日而浴三月而沐期而練毀不滅性不以死傷生喪不過三年苴衰不補墳不脩除服之日鼓素琴示民有終也凡此以節制者也資於事父以事母而愛同天無二日國無二君家無二尊以治之故父在爲母齊衰朞者見無二尊也百官備百物具不言而事行者扶而起（謂天子諸侯也）言而後事行者杖而起（卿大夫士也）身自執事行者面垢而巳（謂庶人也）此以權制者也親始死三日不怠三月不懈朞悲號三年憂哀

之殺也聖人因殺以制節也

論禮第二十七

孔子閑居子張子貢言游侍論及於禮孔子曰居汝三人者吾語汝以禮周流無不遍也子貢越席而對曰敢問如何子曰敬而不中禮謂之野恭而不中禮謂之給勇而不中禮謂之逆子曰給奪慈仁（巧言足恭捷給之人似仁非仁故曰給奪慈仁）子貢曰敢問何以爲中禮者子曰禮乎夫禮所以制中也子貢退言游進曰敢問禮也領惡

而全好者與領理子曰然子貢問何也子曰郊
社之禮所以仁鬼神也禘嘗之禮所以仁昭
穆也饋奠之禮所以仁死喪也射饗之禮所
以仁鄉黨也食饗之禮所以仁賓客也明乎
郊社之義禘嘗之禮治國其如指諸掌而巳
是故居家有禮故長幼辯以之閨門有禮故
三族和以之朝廷有禮故官爵敘以之田獵
有禮故戎事閑以之軍旅有禮故武功成是
以宮室得其度鼎俎得其象物得其時樂得

其節車得其軾鬼神得其享喪紀得其哀辯說得其黨（黨類）百官得其體政事得其施（各得其所黨施行之）加於身而措於前凡衆之動得其宜也言游退子張進曰敢問禮何謂也子曰禮者即事之治也君子有其事必有其治治國而無禮辟猶瞽之無相倀倀乎何所之辟終夜有求於幽室之中非燭何以見故無禮則手足無所措耳目無所加進退揖讓無所制是以其居處長幼失其別閨門三族失其和朝廷

官爵失其序田獵戎事失其策軍旅失其勢宮室失其度鼎俎失其象物失其時樂失其節車失其軾鬼神失其饗喪紀失其哀辯說失其黨百官失其體政事失其施加於身而措於前凡衆之動失其宜如此則無以祖洽四海（祖法也洽合無禮則無以爲衆法無以合聚衆）子曰愼聽之汝三人者吾語汝猶有九焉大饗有四焉（語汝有九其四大饗所以待賓之禮其五動靜之威儀也）苟知此矣雖在畎畒之中事之聖人矣（在畎畒之中猶焉爲聖人）兩軍相見揖讓而入入門懸

興興作樂一也揖讓而升堂升堂而樂闋二也下管象舞夏籥序興下管堂下吹管象武舞也夏文舞也執籥籥如笛序以更作三也陳其薦俎序其禮樂備其百官四者所以大饗有四也如此而後君子知仁焉行中規五也旋中矩六也鑾和中采齊采齊樂曲名所以爲和鑾之節也客出於雍雍樂曲名在周頌八也徹以振羽亦樂曲名九也是故君子無物而不在於禮焉入門而金作示情也金既鳴聲終始若一故以示情十也升歌清廟示德也清廟所以頌文王之德也下管象舞示事也凡舞象事也古之君子不必親相與言也以禮樂相示而已

夫禮者理也樂者節也無理不動無節不作不能詩於禮謬（詩以言禮）不能樂於禮素（素質）薄於德於禮虛（非其人則禮不虛行）子貢作而問曰然則夔其窮與（言達於樂而不達於禮也）子曰古之人與上古之人也達於禮而不達於樂謂之素達於樂而不達於禮謂之偏（達謂偏有所達非殊）夫夔達於樂不達於禮是以傳於此名也古之人也（言達於樂多故遂傳名樂）凡制度在禮文爲在禮行之其在人也三子者既得聞此論於夫子也煥若發矇焉

子夏侍坐於孔子曰敢問詩云愷悌君子民之父母何如斯可謂民之父母孔子曰夫民之父母必達於禮樂之源以致五至而行三無以橫於天下四方有敗必先知之此之謂民之父母子夏曰敢問何謂五至孔子曰志之所至詩亦至焉詩之所至禮亦至焉禮之所至樂亦至焉樂之所至哀亦至焉詩禮相成哀樂相生是以正明目而視之不可得而見傾耳而聽之不可得而聞志氣塞于天地

行之充于四海此之謂五至矣子夏曰敢問何謂三無孔子曰無聲之樂無體之禮無服之喪此之謂三無子夏曰敢問三無何詩近之孔子曰夙夜基命宥密無聲之樂也夙夜恭也基始也命信也宥寬也密寧也言巳行與民信五教在寬民以安寧故謂之無聲之樂也威儀逮逮不可選也無體之禮也凡民有喪扶伏救之無服之喪也子夏曰言則美矣大矣言盡於此而巳乎孔子曰何謂其然吾語汝其義猶有五起焉子夏曰何如孔子曰無聲之樂氣至

不違無體之禮威儀遲遲無服之喪內恕孔哀無聲之樂所願必從無體之禮上下和同無服之喪施及萬邦既然而又奉之以三無私而勞天下此之謂五起子夏曰何謂三無私孔子曰天無私覆地無私載日月無私照其在詩曰帝命不違至于湯齊至湯與天心齊湯降不遲聖敬日躋不遲言疾躋升也湯疾行下人之道其聖敬之德日升聞也昭假遲遲上帝是祗湯之威德昭明徧至化行寬舒遲遲然故上帝敬其德帝命式于九圍九圍九州也天命用于九州謂以爲天下王是湯之德也子夏蹶然而起

負牆而立曰弟子敢不志之

孔氏家語卷第六

新增

全圖孔子家語

上海啟新書局
印行

卷七之八

孔氏家語卷第七

王肅注

觀鄉射第二十八

孔子觀於鄉射，喟然歎曰：射之以樂也，何以射，何以聽，循聲而發，不失正鵠者，其唯賢者乎。（正鵠所射者也）若夫不肖之人，則將安能以求飲。詩云：發彼有的，以祈爾爵。（的實也。祈求也。言發中智以求飲爾爵也。勝者飲不勝者，飲彼則己不飲，故曰以辭爵也）祈，求也，求所中以辭爵。酒者所以養老，所以養病也，求中以辭爵，辭其養也。

是故士使之射而弗能則辭以病懸弧之義弧弓也男子生則懸弧於其門明必有射事也而今不能射唯疾可以爲辭也於是退而與門人習射於矍相之圃蓋觀者如牆堵焉試射至於司馬使子路執弓矢出列延謂射之者曰子路爲司馬故射至使子路出延射奔軍之將亡國之大夫與爲人後不得入人已有後而又爲人後故曰與爲人後也其餘皆入蓋去者半又使公罔之裘序點揚觶而語曰先行射鄉飲酒故二人揚觶幼壯孝弟耆老好禮不從流俗脩身以俟死者在此位蓋去者半序點又揚觶而語

曰好學不倦好禮不變耄期稱道而不亂者則在此位八十九十曰耄言雖老而不稱解道而不亂蓋僅有存焉射既闋子路進曰由與二三子者之爲司馬何如孔子曰能用命矣孔子曰吾觀於鄉而知王道之易易也主人親速賓及介而衆賓皆從之速召至於正門之外主人拜賓及介而衆賓自入貴賤之義別矣三揖至於階三讓以賓升拜至獻酬辭讓之節繁及介升則省矣至于衆賓升而受爵坐祭立飲不酢而降隆

殺之義辨矣工入升歌三終主人獻賓祀曰主人獻之於義不得爲賓也下句笙入三終主人又獻之是也歌鹿鳴四牡皇皇者華三篇終主人乃獻之是也笙入三終主人又獻之吹南陔白華華黍三篇終主人獻也間歌三終乃歌魚麗笙由庚歌南有嘉魚笙崇丘歌南山有臺笙由儀也合樂三闋合笙聲同其音歌周歌召南三篇也工告樂備而遂出樂正既告備而降言遂出自此至去不復升也一人揚觶乃立司正焉賓將欲去故復使一人揚觶乃立司正主威儀請安賓也知其能和樂而不流也賓酬主人主人酬介介酬衆賓少長以齒終於沃洗者焉知其能弟長而無遺矣降脫屨升座脩爵無算飲酒之節旰

不廢朝暮不廢夕朝晨飲早餔罷賓出主人迎送節文終遂焉知其能安燕而不亂也貴賤既明降殺既辨和樂而不流弟長而無遺安燕而不亂此五者足以正身安國矣彼國安而天下安矣故曰吾觀於鄉而知王道之易易也

子貢觀於蜡蜡索也歲十有二月索羣神而祀之今之臘也孔子曰賜也樂乎對曰一國之人皆若狂言醉酒也賜未知其爲樂也孔子曰百日之勞一日之樂一日之澤非爾所知也古民皆勤苦稼穡有百日之勞喻久也今一日使之飲酒焉樂之是君之恩澤

也

張而不弛文武弗能弛而不張文武弗爲一張一弛文武之道也

郊問第二十九

定公問於孔子曰古之帝王必郊祀其祖以配天何也孔子對曰萬物本於天人本乎祖郊之祭也大報本反始也故以配上帝天垂象聖人則之郊所以明天道也公曰寡人聞郊而莫同何也孔子曰郊之祭也迎長日之至也（周人始以日至之月冬日至而日長）大報天而主日配以月故

周之始郊其月以日至其日用上辛至於啓

蟄之月則又祈穀于上帝祈求也爲農求穀于上帝月令孟春之月乃以元日祈穀于上帝兼無仲冬大郊之事至於祈農與天子同故春秋傳曰夫郊祀后稷以祈農事也是故啓蟄而郊郊而後耕也而學者不知推經禮之指歸皮膚妄說至乃顛倒神祇變易時日遷改北位良可痛心者也此二者天子

之禮也魯無冬至大郊之事降殺於天子是

以不同也公曰其言郊何也孔子曰兆丘於

南所以就陽位也於郊故謂之郊焉兆丘於南謂之圓丘之兆於南郊也然則郊之名有三焉築爲圓丘以象天自然故謂之圓丘圓丘人之所造故謂之泰壇於南郊在南說學者謂南郊與圓丘異若是則詩易尚書謂之圜丘也又不通泰壇之名或乃謂周官圜丘虛妄之言皆不通典制曰

其牲器何如孔子曰上帝之牛角繭栗必在滌三月（滌所以養生具）后稷之牛唯具（別祀稷時牲亦芻之三月配天之時獻故唯具之也）所以別事天神與人鬼也牲用騂尚赤也用犢貴誠也（犢質愨貴誠之美也）掃地而祭貴其質也（地圜丘之地掃焉而祭貴其質也）器用陶匏以象天地性也（人之作物無可稱之取天地之性以自然也）萬物無可以稱之者故因其自然之體也公曰天子之郊其禮儀可得聞乎孔子對曰臣聞天子卜郊則受命于祖廟而作龜于禰宮（禰宮父廟也受祭天之命於祖而作龜於父廟）尊祖親考之義也

卜之日王親立于澤宮以聽誓命受教諫之義也澤宮宮也誓命祭天所行威儀也王親受之故曰受教諫之義既卜獻命庫門之內所以戒百官也將郊則供天子皮弁以聽報示民嚴上也報白也王夙興朝服以待白祭事後服衮郊之日喪者不敢哭凶服者不敢入國門汜掃清路行者畢止汜徧也清路以新土無復行之弗命而民聽敬之至也以王肅敬事天故民化之不令而行之也天子大裘以黼之被裘象天大裘為黼文也言被之大裘其有象天之文故被之道路至大壇而晩之乘素車貴其質也旂十有二旒龍章而設日月所以法天也既

至泰壇王脫裘矣服袞以臨燔柴戴冕藻十有二旒則天數也臣聞之誦詩三百不足以一獻（祭羣小祀）一獻之禮不足以大饗（大饗祫祭大王）大饗之禮不足以大旅（大旅祭五帝也）大旅具矣不足以饗帝（饗帝祭天）是以君子無敢輕議於禮者也

五刑解第三十

冉有問於孔子曰古者三皇五帝不用五刑信乎孔子曰聖人之設防貴其不犯也制五刑而不用所以爲至治也凡民之爲姦邪竊

盜靡濫妄行者生於不足不足生於無度無度則小者偷惰大者侈靡各不知節是以上有制度則民知所止民知所止則不犯故雖有姦邪賊盜靡濫妄行之獄而無陷刑之民不孝者生於不仁不仁者生於喪祭之禮也明喪祭之禮所以教仁愛也能致仁愛則服喪思慕祭祀不解人子饋養之道〔言孝子奉祭祀不敢解與生時饋養之道同之〕喪祭之禮明則民孝矣故雖有不孝之獄而無陷刑之民殺上者生於不義義所

以別貴賤明尊卑也貴賤有別尊卑有序則民莫不尊上而敬長朝聘之禮者所以明義也義必明則民不犯故雖有殺上之獄而無陷民之刑鬬變者生於相陵相陵者生於長幼無序而遺敬讓遺忘鄉飲酒之禮者所以明長幼之序而崇敬讓也長幼必序民懷敬讓故雖有變鬬之獄而無陷刑之民淫亂者生於男女無別男女無別則夫婦失義婚姻聘享者所以別男女明夫婦之義也男女既別

夫婦既明故雖有淫亂之獄而無陷刑之民此五者刑罰之所從生各有源焉不豫塞其源而輒繩之以刑是謂爲民設穽而陷之也刑罰之源生於嗜慾不節夫禮度者所以禦民之嗜慾而明好惡順天道禮度既陳五教畢修而民猶或未化尚必明其灋典以申固之（尚猶也申令固其教也）其犯姦邪靡灋妄行之獄者則飭制量之度有犯不孝之獄者則飭喪祭之禮有犯殺上之獄者則飭朝覲之禮有犯鬬

變之獄者則飭鄉飲酒之禮有犯淫亂之獄者則飭婚聘之禮三皇五帝之所化民者如此雖有五刑之用不亦可乎孔子曰大罪有五而殺人爲下逆天地者罪及五世誣文武者罪及四世逆人倫者罪及三世謀鬼神者罪及二世手殺人者罪止其身故曰大罪有五而殺人爲下矣

冉有問於孔子曰先王制灋使刑不上於大夫禮不下於庶人然則大夫犯罪不可以加

刑庶人之行事不可以治於禮乎孔子曰不然凡治君子以禮御其心所以屬之以廉耻之節也故古之大夫其有坐不廉汙穢而退放之者不謂之不廉汙穢而退放則曰簠簋不飾（飾整齊也）有坐淫亂男女無別者不謂之淫亂男女無別則曰帷幕不修也有坐罔上不忠者不謂之罔上不忠則曰臣節未著有坐罷軟不勝任者不謂之罷軟不勝任則曰下官不職（言其下官不稱其職不斥其身也）有坐干國之紀者不謂

之干國之紀則曰行事不請（言不請而擅行）此五者大夫既自定有罪名矣而猶不忍斥然正以呼之也既而爲之諱所以媿恥之是故大夫之罪其在五刑之域者聞而譴發（譴譴讓也發始發露）則白冠氂纓盤水加劍造乎闕而自請罪君不使有司執縛牽掣而加之也其有大罪者聞命則北面再拜跪而自裁君不使人捽引而刑殺之也曰子大夫自取之耳吾遇子有禮矣以刑不上大夫而大夫亦不失其罪者教使

然也凡所謂禮不下庶人者以庶人遽其事而不能充禮故不責之以備禮也冉求跪然免席曰言則美矣求未之聞退而記之

刑政第三十一

仲弓問於孔子曰雍聞至刑無所用政至政無所用刑至刑無所用政桀紂之世是也至政無所用刑成康之世是也信乎孔子曰聖人之治化也必刑政相參焉太上以德教民而以禮齊之其次以政言導民以刑禁之刑

不刑也化之弗變導之弗從傷義以敗俗於是乎用刑矣顓五刑必即天倫（即就也就天倫謂合天意）行刑罰則輕無赦（行刑罰之官雖輕猶不得作威作福）刑侀也侀成也壹成而不可更故君子盡心焉仲弓曰古之聽訟尤罰麗於事不以其心可得聞乎（尤過也麗附也）（怪過人罰之必以事稍當而不與其心）孔子曰凡聽五刑之訟必原父子之情立君臣之義以權之意論輕重之序慎深淺之量以別之悉其聰明正其忠愛以盡大司寇正刑明辟以察獄獄必三訊焉

一曰訐羣臣二曰訐羣吏三曰訐萬民也有旨無簡則不聽也簡誠也有其意無其誠者不論以爲罪也附從輕赦從重附人之非以輕爲比赦人之罪以重爲比疑獄則泛與衆共之疑則赦之皆以小大之比成之是故爵人必於朝與衆共之也刑人必於市與衆棄之也古者公家不畜刑人大夫弗養其士遇之塗弗與之言屏諸四方唯其所之弗及與政弗欲生之也

仲弓曰聽獄獄之成成何官孔子曰成獄於吏吏以獄之成告於正吏獄官吏正獄官長正既聽之乃

告大司寇大司寇聽之乃奉於王王命三公卿士參聽棘木之下外朝灋左九棘孤卿大夫位焉右九棘公侯伯子男位焉而三槐三公位然後乃以獄之成疑于王王三宥之以聽命君王尚寬宥罪雖以定猶三宥之不可得輕然後刑之者也而制刑焉所以重之也仲弓曰甚禁何禁孔子曰巧言破律巧賣灋令者也遁名改作變言與物名也執左道與亂政者殺左道亂也作淫聲淫逸也惑亂人之聲造異服非人所常見設伎奇器以蕩上心者殺怪異之伎可以眩懼人心之器蕩動行僞而堅行詐僞而守之堅也言詐而辯學非而博順非而澤順其非而滑澤以惑衆

者殺假於鬼神時日卜筮以疑衆者殺此四誅者不以聽不聽棘木之下仲弓曰其禁盡於此而已孔子曰此其急者其餘禁者十有四焉命服命車不粥於市粥賣珪璋璧琮不粥於市宗廟之器不粥於市兵車旍旗不粥於市犧牲秬鬯不粥於市戎器兵甲不粥於市用器不中度不粥於市布帛精麤不中數廣狹不中量不粥於市姦色亂正色不粥於市文錦珠玉之器雕飾靡麗不粥於市衣服飲食不粥於

市[賣成衣服非侈必僞故禁之禁賣熟食所以厲恥也]果食不時不粥於市五木不中伐不粥於市鳥獸魚鱉不中殺不粥於市凡執此禁以齊衆者不赦過也

禮運第三十二

孔子爲魯司寇與於蜡既賓事畢[畢賓客之事也]乃出遊於觀之上[觀宮門外闕周禮所謂象魏也]喟然而歎言偃侍曰夫子何歎也孔子曰昔大道之行[此謂三皇五帝時道大行也]與三代之英[英秀謂禹湯文武也]吾未之逮而有記焉大道之行天下爲公選賢與能講信脩睦

講習也脩行也睦親也故人不獨親其親不獨子其子所謂大道天下爲公老有所終壯有所用矜寡孤疾皆有所養貨惡其棄於地必不藏於己力惡其不出於身不必爲人言力惡其不出於身不以爲德惠也是以姦謀閉而弗興盜竊亂賊不作故外戶而不閉謂之大同今大道既隱天下爲家各親其親各子其子貨則爲己力則爲人大人世及以爲常城郭溝池以爲固禹湯文武成王周公由此而選言用禮義爲之選也未有不謹於禮禮之所興與天地

竝如有不由禮而在位者則以爲殃言偃復問曰如此乎禮其急也孔子曰夫禮先王所以承天之道以治人之情列其鬼神達於喪祭鄉射冠婚朝聘故聖人以禮示之則天下國家可得以禮正矣言偃曰今之在位莫知由禮何也孔子曰嗚呼哀哉我觀周道幽厲傷也（幽厲二王者皆傷周道也）吾捨魯何適（魯有聖人之風猶勝於諸國也）夫魯之郊及禘皆非禮（言失於禮而亡其義）周公其已衰矣（子孫不能行其禮義）杞之郊也禹（杞夏後本郊鯀周公以鯀非令德故令杞郊禹）宋之

郊也契是天子之事守也天子杞宋以二王之後周公攝政致太平而與天子同是禮也諸侯祭社稷宗廟上下皆奉其典而祝嘏莫敢易其常法是謂大嘉今使祝嘏辭說徒藏於宗祝巫史非禮也言君臣皆當和辭說之意義也是謂幽國幽敝於禮醆斝及尸君非禮也夏曰醆殷曰斝非王者之後則尸與君不得用是謂僭君僭侈之君冕弁兵革藏於私家非禮也大夫稱家冕弁大夫之服孔子曰天子諸侯大夫冕弁復歸設奠服此謂不得賜而藏之也是謂脅君迫於其君大夫具官祭器不假聲樂皆具非禮也

大夫無田者不爲祭器今皆不假故非禮是謂亂國故仕於公曰臣仕於家曰僕三年之喪與新有婚者朞不使也以衰裳入朝與家僕雜居齊齒非禮也是謂臣與君共國天子有田以處其子孫諸侯有國以處其子孫大夫有采以處其子孫是謂制度天子適諸侯必舍其宗廟而不以禮籍入所謂臨諸侯將舍宗廟先告其鬼神以將入止也是謂天子壞法亂紀諸侯非問疾弔喪而入諸臣之家是謂君臣爲謔戲謔故夫禮者君之柄柄亦秉持所以別嫌明

微儐鬼神考制度別仁義立政教安君臣上下也故政不正則君位危君位危則大臣倍小臣竊刑肅而俗敝則法無常法無常則禮無別禮無別則士不事民不歸是謂疵國是故夫政者君之所以藏身（言所藏於身不可以假人）必本之天郊以降命（郊天以下教令所謂則天之明）命教於社之謂效地（所謂因地之利）降於祖廟之謂仁義（奉祖廟彌近彌親彌遠彌尊仁義之道也）降于山川之謂興作（下命所謂祭山川者謂其興造雲雨作生萬物也）降于五祀之謂制度（下命使事五祀者以其能爲人事之制度）此聖人所以藏身

固也藏身以此則固聖人參於天地竝於鬼神以治政也處其所存禮之序也翫其所樂民之治也言聖人常所存處者禮之次序常翫樂者民之治安也天生時地生財人其父生而師敎之四者君以政用之所以立於無過之地時及財天地之所生而師以敎之君以政用之而已故常立於無過之地君者人所則非則人者也人所養非養人者也人所事非事人者也夫君者明人則有過爲君徒欲明人而已則過謬也養人則不足以時君失政不能爲人所養事人則失位故百姓則君以自治養君以自安事君以自

顯是以禮達而分定人皆愛其死而患其生（人皆愛惜其死而患其生之無禮也）是故用人之智去其詐用人之勇去其怒用人之仁去其貪國有患君死社稷謂之義太夫死宗廟謂之變（大夫有去就之義未必常死宗廟其死宗廟者以權變爲也）凡聖人能以天下爲一家以中國爲一人非意之（非以意貪之必有數之也）必知其情從於其義明於其利達於其患然後能爲之何謂人情喜怒哀懼愛惡欲亡者弗學而能何謂人義父慈子孝兄良弟悌夫義婦聽長惠幼

順君仁臣忠十者謂之人義講信修睦謂之人利爭奪相殺謂之人患聖人之所以治人七情修十義講信修睦尚辭讓去爭奪舍禮何以治之飲食男女人之大欲存焉死亡貧苦人之大惡存焉欲惡者人之大端人藏其心不可測度美惡皆在其心不見其色欲以一窮之舍禮何以哉故人者天地之德陰陽之交鬼神之會五行之秀天秉陽垂日星地秉陰載山川播五行於四時和四氣而後月

生月生而後四時行焉布五行和四時而後月生焉是以三五而盈三五而鈌月陰道不常滿故十五日滿十五日鈌五行之動共相竭也竭盡也水用事盡則木用事五行用事更相盡也五行四氣十二月還相爲本用事者爲本也五聲六律十二管還相爲宮五聲者宮商角徵羽也管十二月也一月一管陽律陰呂其用事者爲宮也五味六和十二食還相爲質五味酸苦鹹辛甘六和者和之各有宜者春多酸秋多辛之屬是也十二食者十二月之食質本也五色六章十二衣還相爲質五色者青赤白黑黃學記曰水無當於五色五色不得不章五色待水而章也故人者天地之心於天地之間如五臟之有心矣人有生最靈心五臟最聖也而五行之端端始也能用五行也食味別聲被色而生

者也聖人作則（作爲則法）必以天地爲本以陰陽爲端以四時爲柄日星爲紀月爲量鬼神以爲徒五行以爲質禮義以爲器人情以爲田四靈以爲畜以天地爲本故物可舉（天地爲本則萬物包在於其中）以陰陽爲端故人情可睹（陰陽爲情之始）以四時爲柄故事可勸（四時各有事故事可得而勸也）以日星爲紀故業可別（日以紀晝星以紀夜故事可得而分別也）以月爲量故功有藝（有度量以成四時猶功業各有分理也藝猶理）鬼神以爲徒故事有守（鬼神不相干各有守）五行以爲質故事可復（五行終則復始故事可脩復也）禮義

以爲器故事行有考 考成 人情以爲田故人以爲奧四靈以爲畜故飲食有由 四靈鳥獸之長四靈爲畜則飲食可用 何謂四靈麟鳳龜龍謂之四靈故龍以爲畜而魚鮪不淰 淰潛藏也 鳳以爲畜而鳥不𦐇麟以爲畜而獸不狘 𦐇走飛之貌也 龜以爲畜而人情不失 易曰定天下之吉凶成天下亹亹者莫善於蓍龜故曰人情不失也 先王秉蓍龜列祭祀瘞繒宣祝嘏辭說 瘞謂祭祀之瘞繒謂若增封泰山宣謂播宣揚之 設制度故國有禮官有御 治也 事有職禮有序先王患禮之不達於下故饗帝於郊所以定

天位也祀社於國所以列地利也禘祖廟所以本仁也旅山川所以儐鬼神也祭五祀所以本事也故宗祝在廟三公在朝三老在學（王養三老在學）王前巫而後史卜筮鼓侑皆在左右王中心無違也以守至正是以禮行於郊而百神受職禮行於社而百貨可極禮行於祖廟而慈孝服焉（孝慈之道爲遠近所服焉）禮行於五祀而正法則焉故郊社祖廟山川五祀義之脩而禮之藏（言禮之寶藏）夫禮必以本於太一（太一者元氣也）分而爲天地

轉而爲陰陽變而爲四時列而爲鬼神其降曰命（即上所爲命降於天地祖廟也）其官於天也（官爲職分也言禮之職分皆從天下來也）協於分藝（藝理）其居於人也曰養（言禮之於人身所以養成人也）所以講信脩睦而固人之肌膚之會筋骸之束也所以養生送死事鬼神之大端所以達天道順人情之大竇唯聖人爲知禮之不可以已也故破國喪家亡人必先去其禮禮之於人猶酒之有蘖也君子以厚小人以薄聖王脩義之柄禮之序以治人情人情者聖

王之田也脩禮以耕之陳義以種之講學以耨之（耨除穢也）本仁以聚之播樂以安之故禮者義之實也協諸義而協則禮雖先王未之有可以義起焉義者藝之分仁之節（藝理）協諸藝講於仁得之者強失之者喪仁者義之本順之體得之者尊故治國不以禮猶無耜而耕爲禮而不本於義猶耕而不種爲義而不講於學猶種而不耨講之以學而不合之以仁猶耨而不穫合之以仁而不安之以樂猶穫

而不食安之以樂而不達於順猶食而不肥四體既正膚革充盈人之肥也父子篤兄弟睦夫婦和家之肥也大臣灋而小臣廉官職相序君臣相正國之肥也天子以德爲車以樂爲御諸侯以禮相與大夫以灋相序士以信相考百姓以睦相守天下之肥也是謂大順大順者所以養生送死事鬼神之常也故事大積焉而不苑（苑滯積也）竝行而不謬細行而不失深而通茂而不閒（言有理也）連而不相及（言有

敘也動而不相害此順之至也明於順然後乃能守危高而不危以守長危夫禮之不同不豐不殺所以持情而合危也合禮安也山者不使居川渚者不使居原用水火金木飲食必時用水漁人以時入澤梁乃既灌用火季春焚萊草孟冬以火田也用金以時采銅鐵用木斧斤以時入山林飲食各隨四時之宜冬合男女春頒爵位必當年德皆所謂順也用民必順悦以使民故無水旱昆蟲之災民無凶飢妖孽之疾天不愛其道地不愛其寶人不愛其情是以天降甘露地出醴泉山出器車出銀瓮丹甑之器及

象車也河出馬圖龍似馬負圖出鳳凰麒麟皆在近郊龜龍在宮沼其餘鳥獸及卵胎皆可俯而窺也則是無故先王能循禮以達義體信以達順此順之實也

孔氏家語卷第七

孔氏家語卷第八

王肅注

冠頌第三十三

邾隱公既即位，將冠，使大夫因孟懿子問禮於孔子。子曰：其禮如世子之冠。冠於阼者，以著代也。阼主人之階，以明其代父。醮於客位，加其有成。冠於阼，若不醴則醮，用酒於客位，敬而成之。户西為客位。三加彌尊，導喻其志。喻其志，使加彌尊，空敬式始緇布，次皮弁，次爵弁。冠而字之，敬其名也。雖天子之元子，猶士也，其禮無變。天下無生而貴者，故也行冠事必於祖廟以祼享之禮以將之祼灌鬯也灌鬯以享神厚獻將行也以金石之樂節也金石者鍾磬也所以自卑而尊先祖示不敢擅懿子曰天子未冠即位長亦冠也孔子曰古者王世子雖幼其即位則尊爲人君人君治成人之事者何冠之有懿子曰然則諸侯之冠異天子與惟天子無冠禮如諸侯之冠世子之冠故問之孔子曰君薨而世子主喪是亦冠也已人君無所殊也諸侯亦人君與天子無異懿子曰今邾君之冠非禮也懿子以諸侯無冠則邾君之冠非也孔子曰諸侯

之有冠禮也夏之末造也夏之末世乃造諸侯冠禮有自來矣今無譏焉言有所從來故今無所譏天子冠者武王崩成王年十有三而嗣立周公居冢宰攝政以治天下明年夏六月既葬周書亦曰歲十有二武王崩元年六月葬與此若合符而說者橫爲年紀從成年少又命周公武王崩後五月乃攝政良可爲冠與痛哉冠成王而朝于祖以見諸侯示有君也周公命祝雍作頌曰祝王達而未幼祝雍辭曰使王近於民常得民之心也遠於年壽長嗇於時嗇愛也於時不奪民時也惠於財親賢而任能其頌曰令月吉日王始加元服去

王幼志心衮職衮職盛服有禮文也欽若昊天欽敬若順六合是式天地四方謂之六合言爲之法式率爾祖考永永無極此周公之制也懿子曰諸侯之冠其所以爲賓主何也孔子曰公冠則以卿爲賓無介公自爲主迎賓揖升自阼立于席北其醴也則如士饗之以三獻之禮既醴降自阼諸侯非公而自爲主者其所以異皆降自西階西階賓也玄端與皮弁玄端緇布冠之服皮弁自服其服也異朝服素畢朝服而畢示不忘古公冠四公四加冠加玄冕祭加玄冕著祭服其酬幣于賓則

束帛乘馬（已冠而饗既饗與賓幣謂之酬幣乘馬駟馬也）王太子庶子之冠擬焉（王之太子庶子皆擬諸侯冠禮也）皆天子自爲主其禮與士無變饗食賓也皆同懿子曰始冠必加緇布之冠何也孔子曰示不亡古太古冠布齊則緇之其緌也吾未之聞（言今有緌未聞之於古古無緌也緌冠之飾也）今則冠而幣之可也（今不復冠幣布幣之不復著也）懿子曰三王之冠其異何也孔子曰周弁殷冔夏收一也（皆祭服也）三王共皮弁素積委貌周道也章甫殷道也毋追夏后氏之道（常所服之冠也）

廟制第三十四

衞將軍文子將立先君之廟於其家（文子名彌牟）使子羔訪於孔子子曰公廟設於私家非古禮之所及吾弗知子羔曰敢問尊卑上下立廟之制可得而聞乎孔子曰天下有王分地建國設祖宗（祖有功宗有德）乃爲親疏貴賤多少之數是故天子立七廟三昭三穆與太祖之廟而七太祖近廟皆月祭之（近爲高祖下親爲近）遠廟爲祧有二祧焉（祧遠意親盡爲祧二祧者高祖及父母祖是也）享嘗乃止（四時祭也）諸侯立

五廟降天子二二昭二穆與太祖之廟而五祖考廟始祖廟也享嘗乃止大夫立三廟降諸侯二也一昭一穆與太祖之廟而三享嘗乃止士立一廟降大夫二曰考廟王考無廟合而享嘗乃止祖合於父廟中庶人無廟四時祭於寢此自有虞以至于周之所不變也自有虞以至於周禮不異而說者以周有廟以有文武故祧當遷者而以爲文武之廟或有甚矣禮典皆有七廟之文唯喪服小記云王者禘其祖所出以其祖配之而立四廟謂始王者未有始祖故立四廟今有虞亦始王者而既七廟矣則喪服小記之言亦妄矣凡四代帝王之所謂郊者皆以配天其所謂禘者皆五年大祭之所及也

殷周禘嚳五年大祭而及應爲太祖者則其廟不毀不及太祖雖在禘郊其廟則毀矣諸禘享皆無廟郊亦無廟后稷之所以有廟者以太祖故曰不爲太祖雖在禘郊其廟則毀據后稷而言殷人不郊冥冥以有大功契旣爲太祖之廟若復郊則冥永不與於祀典是以郊冥耳古者祖有功而宗有德諸見祖宗者其廟皆不毀祖宗者不毀之名其廟有功者謂之祖至於周文王是也有德者謂之宗武王是也二廟皆有祖宗乃謂之二祧又以爲配食明堂之名亦可謂違聖相失實事也子羔問曰祭典云虞氏祖顓頊而宗堯夏后氏亦祖顓頊而宗禹殷人祖契而宗湯周人祖文王而宗武王此四祖四宗或乃異代或其考祖之有功

德其廟可也若有虞宗堯夏祖顓頊皆異代之有功德者也亦可以存其廟乎孔子曰善如汝所問也如殷周之祖宗其廟可以不毀其他祖宗者功德不殊雖在殊代亦可以無疑矣詩云蔽芾甘棠勿翦勿伐邵伯所憩（蔽芾小貌甘棠社也憩息也）周人之於邵公也愛其人猶敬其所舍之樹況祖宗其功德而可以不尊奉其廟焉

辯樂解第三十五

孔子學琴於師襄子襄子曰吾雖以擊磬爲官然能於琴今子於琴已習可以益矣孔子曰丘未得其數也有間曰已習其數可以益矣孔子曰丘未得其志也有間曰已習其志可以益矣孔子曰丘未得其爲人也有間曰孔子有所繆然思焉（繆然深思貌）有所睪然高望而遠眺（眺見）曰丘迨得其爲人矣（迨近）黮而黑（黮黑貌）頎然長（頎長貌）曠如望羊（曠用志廣遠望羊遠視也）掩有四方（掩同也文王之時三分天下有其二後周有四方文武之功也）非文王其孰能爲此

師襄子避席葉拱而對曰葉拱兩手薄其心也君子聖人也其傳曰文王操

子路鼓琴孔子聞之謂冉有曰甚矣由之不才也夫先王之制音也奏中聲以爲節入於南不歸於北夫南者生育之鄉北者殺伐之城故君子之音温柔居中以養生育之氣憂愁之感不加于心也暴厲之動不在于體也夫然者乃所謂治安之風也小人之音則不然亢麗微末以象殺伐之氣中和之感不載

於心温和之動不存于體夫然者乃所以爲亂之風昔者舜彈五弦之琴造南風之詩其詩曰南風之薰兮可以解吾民之慍兮南風之時兮可以阜民之財兮得其時阜盛也唯脩此化故其興也勃焉德如泉流至于今王公大人述而弗忘殷紂好爲北鄙之聲其發也忽焉至于今王公大人舉以爲誡夫舜起布衣積德含和而終以帝紂爲天子荒淫暴亂而終以亡非各所修之致乎由今也匹夫之徒曾無

意于先王之制而習亡國之聲豈能保其六七尺之體哉冉有以告子路子路懼而自悔靜思不食以至骨立夫子曰過而能改其進矣乎

周賓牟賈侍坐於孔子孔子與之言及樂曰夫武之備戒之以久何也（武謂周舞備戒擊鼓警衆也）對曰病不得其衆（病憂也憂恐不得其士衆之心敬者也）詠歎之淫液之何也（淫液歆淫滋味）對曰恐不逮事（言汲汲欲及此安民和衆事）發揚蹈厲之已蚤何也（厲病備戒雖久至其發作又疾）對曰及時

事(欲令事及其時)武坐致右而軒左何也(右膝至地左膝不至地也)對曰非武坐(言武無坐)聲淫及商何也(言聲歆淫貪商)對曰非武音也(武王之事不得已爲天下除殘賊非苟貪商)孔子曰若非武音則何音也對曰有司失其傳也孔子曰唯丘聞諸萇弘亦若吾子之言是也若非有司失其傳則武王之志荒矣賓牟賈起免席而請曰夫武之備戒之以久則既聞命矣敢問遲矣而又久立於綴何也子曰居吾語爾夫樂者象成者也(象成功而爲樂)揔干而山立武王之事(揔持)

十若山立不動發揚蹈厲太公之志也志在鷹揚武亂皆坐周邵之治武亂武治皆坐而以象安民無事也且夫武始成而北出再成而滅商三成而南反誅紂已而南也四成而南國是疆言有南國以爲疆界五成而分陝周公左邵公右分東西而治也六成而復綴以崇其天子焉以象尊天子也凡成謂舞之節解也衆夾振之而四伐所以盛威於中國夾武王四面會振威武四伐者伐四方與紂同惡也分郟而進所以事蚤濟所以分郟而蚤進者欲事蚤成久立於綴所以待諸侯之至也今汝獨未聞牧野之語乎武王克殷而反商之政未及下

車則封黃帝之後於薊封帝堯之後於祝封帝舜之後於陳下車又封夏后氏之後於杞殷之後於宋武王伐殷封其子祿父武王崩祿父叛周公誅之封微子於宋以爲殷後祿父不成殷後故成言之封王子比干之墓釋箕子之囚使人行商容之舊以復其位商容商之禮官其位舊居也傳說多以商爲殷之賢人成者使箕子求商容乎行猶索也庶民弛政解其力役之事既濟河西馬散之華山之陽而弗復乘牛散之桃林之野而弗復服桃林西方塞也車甲則釁之而藏諸府庫以示弗復用倒載干戈而包之以虎皮將率之士使爲

諸侯命之鞬櫜言所以櫜弓矢而不用者將率之士力也故鞬以爲諸侯爲之鞬櫜也然後天下知武王之不復用兵也散軍而修郊射郊有學官可以習禮左射以狸首右射以騶虞而貫革之射息也左東學右西學狸首騶虞所爲節也裨冕搢笏而虎賁之士脱劍袞冕之屬通謂之裨冕脱劍解劍也郊配后稷而民知尊父焉配明堂而民知孝焉朝覲然後諸侯知所以臣耕籍然後民知所以敬親親耕籍田所以奉祠祀之粢盛六者天下之大教也食三老五更於太學天子袒而割牲執醬而饋執爵而酳食已飲酒謂之酳也冕

而揔干親在舞位所以教諸侯之弟如此則周道四達禮樂交通夫武之遲久不亦宜乎

問玉第三十六

子貢問於孔子曰敢問君子玉貴而珉賤何也爲玉之寡而珉之多歟珉石似玉孔子曰非爲玉之寡故貴之珉之多故賤之夫昔者君子比德於玉溫潤而澤仁也縝密以栗智也縝密緻塞貌栗堅也廉而不劌義也劌割也有廉隅而不割傷也垂之如墜禮也禮尚謙卑叩之其聲清越而長其終則詘然樂

矣絀斷絕貌似樂之息瑕不掩瑜瑜不掩瑕忠也瑜其中美者也孚尹旁達信也孚尹玉貌旁達似信者無不通氣如白虹天也精神見于山川地也精神本出山川是故象地珪璋特達德也天下莫不貴者道也詩云言念君子溫其如玉故君子貴之也

孔子曰入其國其教可知也其爲人也溫柔敦厚詩教也疏通知遠書教也廣博易良樂教也絜靜精微易教也恭儉莊敬禮教也屬辭比事春秋教也故詩之失愚敦厚之失書之失

誣知遠之失樂之失奢易之失賊精微之失禮之失煩春秋之失亂屬辭比事之失其爲人温柔敦厚而不愚則深於詩者矣疏通知遠而不誣則深於書者矣廣博易良而不奢則深於樂者矣潔靜精微而不賊則深於易者矣恭儉莊敬而不煩則深於禮者矣屬辭比事而不亂則深於春秋者矣天有四時春夏秋冬風雨霜露無非教也地載神氣吐納雷霆流形庶物無非教也清明在躬氣志如神清明之德在身也則其氣志如神也有

物將至其兆必先物事也言有事將至必先有兆應之者也是故天地之敎與聖人相參其在詩曰嵩高惟嶽峻極于天惟嶽降神生甫及申嶽降神靈和氣生申甫成大功也惟申及甫惟周之翰翰幹美其宗族世有大功於周甫侯相穆王制詳刑申伯佐宣王成德教四國于蕃四方于宣言能蕃屏四國宣王德化於天下也此文武之德也言文武聖德篤佑周家天爲之生良佐成中興之功矢其文德協此四國毛詩矢其文德矢陳協和此文王之德也凡三代之王必先其令問詩云明明天子令問不巳三代之德也

子張問聖人之所以教孔子曰師乎吾語汝聖人明於禮樂舉而措之而已子張又問孔子曰師爾以爲必布几筵揖讓升降酌獻酬酢然後謂之禮乎爾以爲必行綴兆執羽籥作鍾鼓然後謂之樂乎言而可履禮也行而可樂樂也聖人力此二者以躬己南面是故天下太平萬民順伏百官承事上下有禮也夫禮之所以興衆之所以治也禮之所以廢衆之所以亂也目巧之室則有隩阼言目巧作室必有隩

阼之位室西南隅謂之隩阼階也席則有上下車則有左右行則有竝隨立則有列序古之義也室而無隩阼則亂於堂室矣席而無上下則亂於席次矣亂於席上之次第車而無左右則亂於車上矣行而無竝隨則亂於階塗矣外階塗無竝隨則階塗亂列而無次序則亂於著矣著所立之位也門屏之間謂之著也昔者明王聖人辯貴賤長幼正男女內外序親疎遠近而莫敢相踰越者皆由此塗出也

屈節解第三十七

子路問於孔子曰由聞丈夫居世富貴不能

有益於物（以道濟物不爲身也）處貧賤之地而不能屈節以求伸則不足以論乎人之域矣孔子曰君子之行己其於必達於己可以屈則屈可以伸則伸故屈節者所以有待（待知己也）求伸者所以及時（及良時也）是以雖受屈而不毁其節志達而不犯於義（合義乃行）

孔子在衛聞齊國田常將欲爲亂（專齊有無君之心也）而憚鮑晏（鮑氏晏氏齊之卿大夫也）因欲移其兵以伐魯孔子會諸弟子而告之曰魯父母之國不可不救

不忍視其受敵今吾欲屈節於田常以救魯二三子誰爲使於是子路請往焉孔子弗許子張請往又弗許子石請往又弗許三子退謂子貢曰今夫子欲屈節以救父母之國吾三人請使而不獲往此則吾子用辯之時也吾子盍請行焉子貢請使夫子許之遂如齊説田常曰今子欲收功於魯實難不若移兵於吳則易田常不悦子貢曰夫憂在内者攻強憂在外者攻弱吾聞子三封而三不成是

則大臣不聽令戰勝以驕主破國以尊臣（鮑晏等率師若破國則益尊者也）而子之功不與焉則交日疏於主而與大臣爭如此則子之位危矣田常曰善然兵業已加魯矣不可更如何子貢曰緩師吾請救於吳令救魯而伐齊子因以兵迎之田常許諾子貢遂南說吳王曰王者不滅國霸者無強敵千鈞之重加銖兩而移今以齊國而私千乘之魯與吳爭強甚爲王患之且夫救魯以顯名以撫泗上諸侯（泗水名也）誅暴

齊以服晉利莫大焉名存亡魯實困強齊智
者不疑吳王曰善然吳常困越越王今苦身
養士有報吳之心子待我伐越然後乃可子
貢曰越之勁不過魯吳之強不過齊而王置
齊而伐越則齊以私魯矣王方以存亡繼絶
之名弃強齊而伐小越非勇也勇者不避難
仁者不窮約智者不失時義者不絶世今存
越示天下以仁救魯伐齊威加晉國諸侯必
相率而朝霸業盛矣且王必惡越臣請見越

君令出兵以從此則實害越而名從諸侯以伐齊吳王悅乃遣子貢之越越王郊迎而自爲子貢御曰此蠻夷之國大夫何足儼然辱而臨之子貢曰今者吾說吳王以救魯伐齊其志欲之而心畏越曰待我伐越乃可此則破越必矣且無報人之志而令人疑之拙矣有報人之意而使人知之殆矣事未發而先聞者危矣三者舉事之患也句踐頓首曰孤嘗不料力而與吳難受困會稽痛於骨髓日

夜焦脣乾舌徒欲與吴王接踵而死孤之願也今大夫奉告以利害子貢曰吴王爲人猛暴羣臣不堪國家疲弊百姓怨上大臣内變申胥以諫死（申胥五子胥也）大宰嚭（嚭吴王佞臣也）用事此則報吴之時也王誠能發卒佐之以邀射其志（邀激）（其志）而重寶以悦其心卑辭以尊其禮則其伐齊必矣此聖人所謂屈節求其達者也彼戰不勝王之福若勝則必以兵臨晋臣還北請見晋君共攻之其弱吴必矣銳兵盡於齊重

甲困於晉而王制其弊焉越王頓首許諾子
貢反五日越使大夫文種頓首言於吴王曰
越悉境内之士三千人以事吴吴王告子貢
曰越王欲身從寡人可乎子貢曰悉人之衆
又從其君非義也吴王乃受越王卒謝留句
踐遂自發國内之兵以伐齊敗之子貢遂北
見晉君令承其弊吴晉遂遇於黄池越王襲
吴之國吴王歸與越戰滅焉孔子曰夫其亂
齊存魯吾之始願若能强晉以弊吴使吴亡

而越霸者賜之說也美言傷信慎言哉孔子以哀公十六年卒吳以二十二年滅時吳知已將亡而言之也

孔子弟子有宓子賤者仕於魯爲單父宰恐魯君聽讒言使已不得行其政於是辭行故請君之近史二人與之俱至官宓子戒其邑吏令二史書方書輒掣其肘書不善則從而怒之二史患之辭請歸魯宓子曰子之書甚不善子勉而歸矣二史歸報於君曰宓子使臣書而掣臣肘書惡而又怒臣邑吏皆笑之

此臣所以去之而來也魯君以問孔子子曰宓不齊君子也其才任霸王之佐屈節治單父將以自試也意者以此爲諫乎公寤太息而歎曰此寡人之不肖寡人亂宓子之政而責其善者數矣微二吏寡人無以知其過微夫子寡人無以自寤遽發所愛之使告宓子曰自今已往單父非吾有也從子之制有便於民者子決爲之五年一言其要宓子敬奉詔遂得行其政於是單父治焉躬敦厚明親

親尚篤敬施至仁加懇誠致忠信百姓化之
齊人攻魯道由單父單父之老請曰麥已熟
矣今齊寇至不及人人自收其麥請放民出
皆穫傅郭之麥可以益糧且不資於寇三請
而宓子不聽俄而齊寇逮于麥季孫聞之怒
使人以讓宓子曰民寒耕熱芸曾不得食豈
不哀哉不知猶可以告者而子不聽非所以
爲民宓子蹙然曰今兹無麥明年可樹若使
不耕者穫是使民樂有寇且得單父一歲之

麥於魯不加強喪之不加弱若使民有自取之心其創必數世不息季孫聞之赧然而愧曰地若可入吾豈忍見宓子哉

三年孔子使巫馬期往觀政焉巫馬期陰免衣衣弊裘入單父界見夜魰者得魚輒舍之巫馬期問焉曰凡魰者爲得何以得魚即舍之魰者曰魚之大者名爲鱄吾大夫愛之其小者名鱦鱄宜爲鱣新序作鱛鮑魚之懷任也吾大夫欲長之是以得二者輒舍之巫馬期返以告孔子曰宓

子之德至使民闇行若有嚴刑於旁敢問宓子何行而得於是孔子曰吾嘗與之言曰誠於此者刑乎彼宓子行此術於單父也

孔子之舊曰原壤其母死夫子將助之以木椁子路曰由也昔者聞諸夫子無友不如己者過則勿憚改夫子憚矣姑已若何姑且也已止也孔子曰凡民有喪匍匐救之況故舊乎非友也吾其往及爲椁原壤登木曰久矣予之不託於音也遂歌曰狸首之班然執女手之卷然

夫子爲之隱佯不聞以過之子路曰夫子屈節而極於此失其與矣豈未可以已乎孔子曰吾聞之親者不失其爲親也故者不失其爲故也

家語卷第八

新增

全圖孔子家語

上海啟新書局印行

卷九之十

孔氏家語卷第九

王肅注

七十二弟子解第三十八

顏回魯人字子淵少孔子三十歲年二十九而髮白三十一早死此書久遠年數錯誤未可詳校其年則顏回死時孔子年六十一歲然伯魚五十先孔子卒卒時孔子且七十此謂顏回先伯魚死而論語云顏回死顏路請子之車以爲之椁子曰鯉也死有棺而無椁或爲誤孔子曰自吾有回門人日益顏回爲孔子疏附之友能使門人益親夫子回以德行著名孔子稱其仁焉

閔損魯人字子騫少孔子五十歲以德行著

名孔子稱其孝焉
冉有魯人字伯牛以德著名有惡疾孔子曰
命也夫
冉雍字仲弓伯牛之宗族生於不肖之父以
德行著名
宰予字子我魯人有口才以言語著名仕齊
爲臨菑大夫與田常爲亂夷其三族孔子恥
之曰不在利病其在宰予言宰予爲病利
端木賜字子貢衛人少孔子三十一歲有口

才著名孔子每詘其辯家富累千金常結駟連騎以造原憲憲居蒿廬蓬戶之中與之言先王之義原憲衣弊衣冠并日蔬食（既蔬食并日而後食也）衎然有自得之志子貢曰甚矣子如何之病也原憲曰吾聞無財者謂之貧學道不能行者謂之病吾貧也非病也子貢慙終身恥其言之過子貢好販與時轉貨（販發舉買賤賣貴隨時轉作以有其貨也）歷相魯衛而終齊

冉求字子有仲弓之宗族少孔子二十九歲

有才藝以政事著名仕爲季氏宰進則理其官職退則受教聖師爲性多謙退故子曰求也退故進之

仲由弁人字子路一字季路少孔子九歲有勇力才藝以政事著名爲人果烈而剛直性鄙而不達於變通仕衛爲大夫遇蒯聵與其子輒爭國子路遂死輒難孔子痛之曰自吾有由而惡言不入於耳子路夫子禦侮之友惡言不入夫子之耳

言偃魯人字子游少孔子三十五歲時習於

禮以文學著名仕爲武城宰嘗從孔子適衛
與將軍之子蘭相善使之受學於夫子
卜商衛人字子夏少孔子四十四歲習於詩
能通其義子夏所敘詩義今之毛詩序是以文學著名爲人性不
弘好論精微時人無以尚之嘗返衛見讀史
志者云晉師伐秦三豕渡河子夏曰非也己
亥耳讀史志曰問諸晉史果曰己亥於是衛
以子夏爲聖孔子卒後敎於西河之上魏文
侯師事之而諮國政焉

顓孫師陳人字子張少孔子四十八歲爲人有容貌資質寬沖博接從容自務居不務立於仁義之行子張不侮鰥寡性凱悌寬沖故子貢以爲未仁然不務立仁義之行故子貢激之以爲未仁也孔子門人友之而弗敬

曾參南武城人字子輿少孔子四十六歲志存孝道故孔子因之以作孝經齊嘗聘欲以爲卿而不就曰吾父母老食人之祿則憂人之事故吾不忍遠親而爲人役參後母遇之無恩而供養不衰及其妻以藜烝不熟因出

之人曰非七出也荅曰藜烝小物耳吾欲使
熟而不用吾命況大事乎遂出之終身不娶
妻其子元請焉告其子曰高宗以後妻殺孝
己尹吉甫以後妻放伯竒吾上不及高宗中
不比吉甫庸知其得免於非乎
澹臺滅明武城人字子羽少孔子四十九歲
有君子之資孔子嘗以容貌望其才其才不
充孔子之望然其爲人公正無私以取與去
就以諾爲名仕魯爲大夫

高柴齊人高氏之別族字子羔少孔子四十歲長不過六尺狀貌甚惡爲人篤孝而有法正少居魯見知名於孔子之門仕爲武城宰

宓不齊魯人字子賤少孔子四十歲仕爲單父宰有才智仁愛百姓不忍欺孔子美之

樊須魯人字子遲少孔子四十六歲弱仕於季氏

有若魯人字子有少孔子三十六歲爲人強識好古道

公西赤魯人字子華少孔子四十二歲束帶立於朝閑賓主之儀

原憲宋人字子思少孔子三十六歲清淨守節貧而樂道孔子爲魯司寇原憲嘗爲孔子宰孔子卒後原憲退隱居于衛

公冶長魯人字子長爲人能忍恥孔子以女妻之

南宮韜魯人字子容以智自將世清不廢世濁不汚孔子以兄子妻之

公析哀齊人字季沉鄙天下多仕於大夫家
者是故未嘗屈節人臣孔子特歎貴之
曾點曾參父字子晳疾時禮教不行欲修之
孔子善焉論語所謂浴乎沂風乎舞雩之下
顏由顏回父字季路孔子始教學於闕里而
受學少孔子六歲
商瞿魯人字子木少孔子二十九歲特好易
孔子傳之志焉
漆雕開蔡人字子若少孔子十一歲習尚書

不樂仕孔子曰子之齒可以仕矣時將過子若報其書曰吾斯之未能信言未能明信此書意孔子悅焉

公良孺陳人字子正賢而有勇孔子周行常以家車五乘從

秦商魯人字不慈少孔子四歲其父堇父與孔子父叔梁紇俱以力聞

顏刻魯人字子驕少孔子五十歲孔子適衛子驕爲僕衛靈公與夫人南子同車出而令

宦者雍渠參乘使孔子爲次乘遊過市孔子恥之顔刻曰夫子何恥之孔子曰詩云覯爾新婚以慰我心慰安乃歎曰吾未見好德如好色者也

司馬耕宋人字子牛牛爲性躁好言語見兄桓魋行惡牛常憂之

巫馬施陳人字子期少孔子三十歲孔子將近行命從者皆持蓋已而果雨巫馬期問曰旦無雲既日出而夫子命持雨具敢問何以

知之孔子曰昨暮月宿于畢詩不云乎月離於畢俾滂沱矣以此知之

梁鱣齊人字叔魚少孔子三十九歲年三十未有子欲出其妻商瞿謂曰子未也昔吾年三十八無子吾母爲吾更取室夫子使吾之齊母欲請留吾夫子曰無憂也瞿過四十當有五丈夫今果然吾恐子自晚生耳未必妻之過從之二年而有子

琴牢衞人字子開一字張與宗魯友聞宗魯

死欲往弔焉孔子弗許曰非義也

冉孺魯人字子魚少孔子五十歲

顏辛魯人字子柳少孔子四十六歲

伯虔字指少孔子五十歲

公孫龍衛人字子石少孔子五十三歲

曹卹少孔子五十歲

陳亢陳人字子元一字子禽少孔子四十歲

叔仲會魯人字子期少孔子五十歲與孔璇

年相比每孺子之執筆記事於夫子二人迭

侍左右孟武伯見孔子而問曰此二孺子之
幼也於學豈能識於壯哉孔子曰然少成則
若性也習慣若自然也

秦祖字子南　奚箴字子楷

公祖茲字子之　廉潔字子曹

公西輿字子上　宰父黑字子索

公西減字子尚　穰駟赤字子從

冉季字子產　薛邦字子從

石處字子里　懸亶字子象

左郢字子行　狄黑字哲之
商澤字子秀　任不齊字子選
榮祈字子祺　顏噲字子聲
原抗字子藉　公肩字子仲
秦非字子之　漆雕從字子文
燕伋字子思　公夏守字子乘
勾井疆　步叔乘字子車
右作蜀字子明　邽巽字子斂
施之常字子恒　申績字子周

樂欬字子聲　顏之僕字子叔
孔忠字子蔑（孔子兄之子）　漆雕哆字子斂
縣成字子橫　顏相字子襄
右夫子弟子七十二人皆升堂入室者

本姓解第三十九

孔子之先宋之後也微子啓帝乙之元子紂之庶兄以圻内諸侯入爲王卿士微國名子爵初武王克殷封紂之子武庚於朝歌使奉湯祀武王崩而與管蔡霍三叔作難周公相

成王東征之二年罪人斯得乃命微子於殷後作微子之命由之與國于宋徙殷之子孫唯微子先往仕周故封之賢其弟曰仲思名衍或名泄嗣微子後故號微仲生宋公稽冑子雖遷爵易位而班級不及其故者得以故官爲稱故二微雖爲宋公而猶以微之號自終至于稽乃稱公焉宋公生丁公申申公生緡公共及襄公熙熙生弗父何及厲公方祀方祀以下世爲宋卿弗父何生送父周周生

世子勝勝生正考甫考甫生孔父嘉五世親盡別爲公族故後以孔爲氏焉一曰孔父者生時所賜號也是以子孫遂以氏族孔父生子木金父金父生睪夷睪夷生防叔避華氏之禍而犇魯防叔生伯夏夏生叔梁紇曰雖有九女是無子其妾生孟皮孟皮一字伯尼有足病於是乃求婚於顏氏顏氏有三女其小曰徵在顏父問三女曰陬大夫雖父祖爲士然其先聖王之裔今其人身長十尺武力

絕倫吾甚貪之雖年大性嚴不足為疑三子孰
能為之妻二女莫對徵在進曰從父所制將
何問焉父曰即爾能矣遂以妻之徵在既往
廟見以夫之年大懼不時有男而私禱尼丘
山以祈焉生孔子故名丘字仲尼孔子三歲
而叔梁紇卒葬於防至十九娶于宋之上官
氏生伯魚魚之生也魯昭公以鯉魚賜孔子
榮君之貺故因以名鯉而字伯魚魚年五十
先孔子卒齊太史子與適魯見孔子孔子與

之言道子與悅曰吾鄙人也聞子之名不覿子之形久矣而未知寶貴也乃今而後知泰山之爲高淵海爲大惜乎夫子之不逢明王道德不加于民而將垂寶以貽後世遂退而謂南宮敬叔曰今孔子先聖之嗣自弗父何以來世有德讓天所祚也成湯以武德王天下其配在文殷宗巳下未始有也孔子生於衰周先王典籍錯亂無紀而乃論百家之遺記考正其義祖述堯舜憲章文武删詩

述書定禮理樂制作春秋讚明易道垂訓後
嗣以爲法式其文德著矣然凡所教誨束脩
已上三千餘人或者天將欲與素王之乎夫
何其盛也敬叔曰殆如吾子之言夫物莫能
兩大吾聞聖人之後而非繼世之統其必有
興者焉今孔子之道至矣乃將施乎無窮雖
欲辭天之祚故未得耳子貢聞之以二子告
孔子子曰豈若是哉亂而治之滯而起之自
吾志天何與焉

終記解第四十

孔子蚤晨作（作起）負手曳杖逍遥於門而歌曰泰山其頹乎梁木其壞乎喆人其萎乎（萎頓）旣歌而入當戶而坐子貢聞之曰泰山其頹則吾將安仰梁木其壞則吾將安杖喆人其萎吾將安放（放法）夫子殆將病也遂趨而入夫子歎而言曰賜汝來何遲予疇昔夢坐奠於兩楹之間（疇昔猶近昨夜兩楹之間殷人所殯夢而具奠於殯處故自知死也）夏后氏殯於東階之上則猶在阼殷人殯於兩楹之間則

與賓主夾之周人殯於西階之上則猶賓之而丘也即殷人夫明王不興則天下其孰能宗余言天下無明王莫能宗己道臨終其有命傷道之不行也余殆將死遂寢病七日而終時年七十二矣哀公誄曰旻天不弔不憖遺一老弔善也憖且也一老孔子也俾屏余一人以在位煢煢余在疚疚病於乎哀哉尼父無自律父丈夫之顯稱律法言無以自爲法子貢曰公其不沒於魯乎夫子有言曰禮失則昏名失則愆失志爲昏失所爲愆生不能用死而誄之非禮也稱一人非名

一人天子之稱也君兩失之也既卒門人疑所以服夫子者子貢曰昔夫子喪顏回也若喪其子而無服喪子路亦然今請喪夫子若喪父而無服於是弟子皆弔服而加麻出有所之則由經子夏曰入宜經可也出則不經子游曰吾聞諸夫子喪朋友居則經出則否喪所尊雖經而出可也孔子之喪公西赤掌殯葬焉唅以踈米三具踈粳米禮記曰稻曰嘉踈襲衣十有一稱加朝服一冠章甫之冠珮象環徑五寸而綦組

綏（組雜色組綏所以繫象環）桐棺四寸柏棺五寸飭棺牆置翣設披周也設崇殷也綢練設旐夏也（披柩行夾引棺者崇崇牙旌旗飾也綢練以練綢旌之杠此旌葬乘車所建也旌之旅緇布廣充幅長尋曰旐）兼用三王禮所以尊師且備古也葬於魯城北泗水上藏入地不及泉而封爲偃斧之形高四尺樹松柏爲志焉弟子皆家于墓行心喪之禮既葬有自燕來觀者舍於子夏氏子貢謂之曰吾亦人之葬聖人非聖人之葬人子奚觀焉昔夫子言曰吾見封若夏屋者（夏屋今之高而四方下）

若斧矣從若斧者也上難登狹又易爲功馬鬣封之謂也俗間之名今徒一日三斬板而以封板蓋廣三尺長六尺斬板謂斬其縮三斬上傍殺蓋高四尺也尚行夫子之志而已尚庶何觀乎哉

二三子三年喪畢或留或去惟子貢廬於墓六年自後羣弟子及魯人處墓如家者百有餘家因名其居曰孔里焉

正論解第四十一

孔子在齊齊侯出田田獵招虞人以弓不進虞人掌山澤之官公使執之對曰昔先君之田也旃以招

大夫弓以招士皮冠以招虞人臣不見皮冠故不敢進乃舍之孔子聞之曰善哉守道不如守官道爲恭敬之道見君召便往守官非守召不往也君子韙之韙是

齊國書伐魯國書齊卿季康子使冉求率左師禦之樊遲爲右非不能也不信乎言季孫德不素著爲民所信也請三刻而踰之與衆要信三刻而踰溝也如之衆從之師入齊軍齊軍遁遁逃冉有用戈故能入焉孔子聞之曰義也在軍能却敵合法義既戰季孫謂冉有曰子之於戰學之乎性達之乎對曰學之季孫曰從事

孔子惡乎學冉有曰即學之孔子也夫孔子者大聖無不該（該包）文武竝用兼通求也適聞其戰法猶未之詳也季孫悅樊遲以告孔子

孔子曰季孫於是乎可謂悅人之有能矣

南容說仲孫何忌既除喪（除父僖子之喪）而昭公在外（時爲季孫所逐）未之命也（未命二人爲卿大夫）定公即位乃命之辭曰先臣有遺命焉（僖子病不知禮及其將死而屬其二子使事孔子）曰夫禮人之幹也非禮則無以立囑家老使命二臣必事孔子而學禮以定其位公許之二子

學於孔子孔子曰能補過者君子也詩云君子是則是效孟僖子可則傚矣懲己所病以誨其嗣大雅所謂詒厥孫謀以燕翼子是類也夫詒遺也燕安也翼敬也言遺其子孫嘉謀學安敬之道

衛孫文子得罪於獻公居戚文子衛卿林父得罪以戚叛也公卒未葬文子擊鐘焉延陵季子吳公子札適晉過戚聞之曰異哉夫子之在此猶燕子巢于幕也燕巢于幕言至危也懼猶未也又何樂焉君又在殯可乎文子於是終身不聽琴瑟孔子聞之曰季子能

以義正人文子能克己服義可謂善改矣

孔子覽晉志（晉之史記）晉趙穿殺靈公（穿趙盾從弟也）趙盾亡未及山而還（山晉之境）史書趙盾弑君盾曰不然史曰子為正卿亡不出境返不討賊非子而誰盾曰嗚呼我之懷矣自詒伊戚其我之謂乎孔子歎曰董狐古之良史也書灋不隱趙宣子古之良大夫也為灋受惡惜也越境乃免（惜盾不越境以免於譏而受弑君之責也）

鄭伐陳入之使子產獻捷于晉晉人問陳之

罪焉子產對曰陳亡周之大德武王以元女大姬以配胡公而封諸陳豕恃楚衆豕犬馮陵弊邑是以有往年之告告晉爲陳所侵未獲命未得晉平陳之成命則又有東門之役與楚共伐鄭至其東門當陳隧者井堙木刊隧陳人堙塞刊斫也敝邑大懼天誘其衷誘導衷善也天導其善大尅陳者也啓敝邑心知其罪授首于我用敢獻功晉人曰何故侵小對曰先王之命惟罪所在各致其辟辟誅且昔天子一圻列國一同地方千里曰圻方百里曰同自是以衰周之制也大國方百里從是以爲差伯方七十里子男五十里周之制也而說學者以周大國方七百里失之遠矣今大國多數

圻矣若無侵小何以至焉晉人曰其辭順孔子聞之謂子貢曰志有之（志古之書也）言以足志（言以足成其志）文以足言（加以文章以足成其言）不言誰知其志言之無文行之不遠（有言而無文章雖行而不遠也）晉爲伯鄭入陳非文辭不爲功愼辭哉

楚靈王汰侈（驕汰奢侈）右尹子革侍坐（右尹官名子革然丹）左史倚相趨而過王曰是良史也子善視之是能讀三墳五典八索九丘（三墳三皇之書五典五帝之典八索索法九丘國聚也）對曰夫良史者記君之過揚君之善而此子

以潤辭爲官不可爲良史臣又嘗問焉昔周穆王欲肆其心（肆極）將過行天下使皆有車轍馬迹焉祭公謀父作祈昭（謀父周卿士祈昭詩名猶齊景公作君臣相悅之樂蓋曰徵招角招是也昭宜爲招左傳作招）以止王心（止王心之逸遊）王是以獲沒於文宮臣聞其詩焉而弗知若問遠焉其焉能知王曰子能乎對曰能其詩曰祈昭之愔愔乎式昭德音（祈爲德愔愔言祈昭樂之安和其法足以昭其德音者也）思我王度式如玉式如金（思王之法度如金玉然美詩云琢玉其章金玉其相）刑民之力而無有醉飽之心（長而字刑傷民力用之不勝節無有醉飽之心言無厭足）不

靈王揖而入饋不食寢不寐數日則固不能勝其情以及其難孔子讀其志曰尅己復禮爲仁克勝言能勝己私情復之於禮則爲仁也信善哉楚靈王若能如是豈期辱於乾谿靈王起章華之臺於乾谿國人潰畔遂死焉子革之非左史所以風也稱詩以諫順哉

叔孫穆子避難奔齊穆子叔孫豹其兄僑如淫亂故避之而出奔齊宿於庚宗之邑庚宗寡婦通焉而生牛名牛穆子反魯以牛爲內豎豎通內外之命相家長遂命爲相家牛讒叔孫二人殺之叔孫有病牛不通其饋不食而死牛遂

輔叔孫庶子昭而立之子叔孫諸昭子既立朝其家衆曰豎牛禍叔孫氏使亂大從從順殺適立庶又披其邑以求舍罪牛取叔氏鄙三十邑以行賂也罪莫大焉必速殺之遂殺豎牛孔子曰叔孫昭子之不勞勞功不以立己爲功不可能也周任有言曰周任古之賢人爲政者不賞私勞不罰私怨詩云有覺德行四國順之覺直也昭子有焉

晉邢侯與雍子爭田叔魚攝理叔魚叔向弟理獄官之名罪在雍子雍子納其女於叔魚叔魚弊其邢獄

弊斷斷罪歸邢侯也邢侯怒殺叔魚與雍子於朝韓宣子
問罪於叔向宣子晉正卿韓起也叔向曰三姧同罪施生
戮死可也施宜爲與與猶行也行生者之罪也雍子自知其罪而賂
以買直鮒也鬻獄邢侯專殺其罪一也已惡
而掠美爲昏掠取善昏亂也已惡而以賂求善爲亂也貪以賂官爲默
默猶冒苟貪不畏罪殺人不忌爲賊忌憚夏書曰昏默賊殺
夏書夏家之書三者宜皆殺也咎陶之刑也請從之乃施邢侯
而尸雍子叔魚於市孔子曰叔向古之遺直
也治國制刑不隱於親三數叔魚之罪不爲

末（末薄）或曰義（或左傳作義也）可謂直矣平丘之會數其賄也以寬衛國晉不爲暴（諸侯會于平丘晉人淫芻蕘者於衛衛人患之賂叔向叔向使與叔魚客未追而禁之）歸魯季孫稱其詐也以寬魯國晉不爲虐（魯季孫見執詣於晉晉人歸之季孫責禮不肯歸叔向言叔魚能歸之叔魚說季孫季孫懼乃歸之）邢侯之獄言其貪也以正刑書晉不爲頗（頗偏）三言而除三惡加三利（暴衛虐魯殺三罪去三惡加三利也）殺親益榮由義也夫

鄭有鄉校（鄉之學校）鄉校之士非論執政鬷明欲毀鄉校（鬷明然明）子產曰何以毀爲夫人朝夕退

而遊焉以議執政之善否其所善者吾則行之其所否者吾則改之若之何其毀也我聞忠善以損怨不聞立威以防怨防怨猶防水也大決所犯傷人必多吾弗克救也不如小決使導之不如吾所聞而藥之也藥療也孔子聞是言也曰吾以是觀之人謂子產不仁吾不信也

晉平公會諸侯于平丘齊侯及盟鄭子產爭貢賦之所承所承之輕重也曰昔日天子班貢輕重以

列列尊卑而貢周之制也卑而貢重者甸服甸服王圻之內與圻外諸侯異故貢重也鄭伯南也而使從公侯之貢南左氏作男古字作南亦多有作此南連言之猶言公侯也懼弗給也敢以爲請自日中諍之以至于昏晉人許之孔子曰子產於是行也是以爲國也詩云樂只君子邦家之基本也子產君子之於樂者能爲國之本則人樂藝也且曰合諸侯而藝貢事禮也藝分別貢獻之事也

鄭子產有疾謂子太叔曰我死子必爲政唯有德者能以寬服民其次莫如猛夫火烈民

望而畏之故鮮死焉水濡弱民狎而翫之（狎易）翫習則多死焉故寬難子產卒子太叔爲政不忍猛而寬鄭國多掠盜（抄掠）太叔悔之曰吾早從夫子必不及此孔子聞之曰善哉政寬則民慢慢則糾於猛（糾猶攝也）猛則民殘（猛政殘民）民殘則施之以寬寬以濟猛猛以濟寬寬猛相濟政是以和詩云民亦勞止汔可小康（汔危也勞民人病汔可小變故以安也）惠此中國以綏四方施之以寬毋縱詭隨（詭人隨人遺人小惡者也）以謹無良（謹小以懲之也）式遏寇虐慘

不畏明（慘曾也當用遏止爲寇虐之人也曾不畏天之明道者言威也）糾之以猛也柔遠能邇（言能安遠者能安近）以定我王（以定安王位也）平之以和也又曰不競不絿不剛不柔（絿急言得中和）布政優優百祿是遒（優優和遒聚）和之至也子產之卒也孔子聞之出涕曰古之遺愛

孔子適齊過泰山之側有婦人哭於野者而哀夫子式而聽之曰此哀一似重有憂者使子貢往問之而曰舅死於虎吾夫又死焉今吾子又死焉子貢曰何不去乎婦人曰無苛

政子貢以告孔子子曰小子識之苛政猛於暴虎

晉魏獻子爲政獻子魏舒分祁氏及羊舌氏之田荀櫟滅晉大夫祁氏羊舌氏故獻子分其田以賞諸大夫及其子成皆以賢舉也又謂賈辛曰今汝有力於王室吾是以舉汝周有子朝之亂賈辛帥師救周行乎敬之哉毋墮乃力

孔子聞之曰魏子之舉也近不失親子可舉而舉也遠不失舉不以遠故不舉可謂美矣又聞其命賈辛以爲忠詩云永言配命自求多福忠也大雅文王之詩言能長配天命

而魏獻子亦能永天命以求多福忠也魏子之舉也義其命也忠其長有後於晉國乎

趙簡子賦晉國一鼓鐘三十斤謂之鈞鈞四謂之石石四謂之鼓以鑄刑鼎著范宣子所爲刑書范宣子晉卿范匄銘其刑書著鼎也孔子曰晉其亡乎失其度矣夫晉國將守唐叔之所受法度唐叔成王母弟始封於晉者也以經緯其民者也經緯猶織以成文也卿大夫以序守之序次序也民是以能遵其道而守其業貴賤不愆謂度也文公是以作執秩之官爲被廬之灋晉文公既霸蒐于被廬作執秩之官以爲晉國法也

以爲盟主今棄此度也而爲刑鼎民在鼎矣何以尊貴民將禮棄而徵於書不復戴奉上也何業之守也民不奉上則上無所守也貴賤無序何以爲國且夫宣子之刑夷之蒐也晉國亂制夷蒐之時變易軍師陽唐父爲賈季所殺故曰亂制也若之何其爲灋乎

楚昭王有疾卜曰河爲祟王弗祭大夫請祭諸郊王曰三代命祀祭不越望天子祀天地諸侯望祀境內故曰祭不越望也江漢沮漳楚之望也四水名也禍福之至不是過乎不穀雖不德河非所獲罪也遂不祭

孔子曰楚昭王知大道矣（取之於己不越祀也）其不失國也宜哉（楚爲吴所滅昭王出犇已復國者也）夏書曰維彼陶唐率彼天常（陶唐堯率循天之常道）在此冀方（中國爲冀）今失其行亂其紀綱乃滅而亡（謂夏桀）又曰允出茲在茲由己率常可矣（言善惡各有類信出此則在此以能循常道可也）

衛孔文子使太叔疾出其妻而以其女妻之（初疾娶於宋子朝其婦嬖子朝文子使疾出其妻而已妻之）疾誘其初妻之娣爲之立宫與文子女加二妻之禮文子怒將攻之孔子舍璩伯玉之家文子就而訪焉孔子曰

簠簋之事則嘗聞學之矣兵甲之事未之聞也退而命駕而行曰鳥則擇木木豈能擇鳥乎文子遽自止之曰圉也豈敢度其私哉（度謀）亦訪衞國之難也將止會季康子問冉求之戰冉求既對之又曰夫子播之百姓質諸鬼神而無憾（恨也）用之則有名康子言於哀公以幣迎孔子曰人之於冉求信之矣將大用之齊陳恒弒其君簡公孔子聞之三日沐浴而適朝告於哀公曰陳恒弒其君請伐之公弗

許三請公曰魯爲齊弱久矣子之伐也將若之何對曰陳恒弑其君民之不與者半以魯之衆加齊之半可尅也公曰子告季氏孔子辭（不告季氏）退而告人曰以吾從大夫之後不敢不告也

子張問曰書云高宗三年不言言乃雍有諸（雍歡聲貌尚書云言乃雍和有諸也）孔子曰胡爲其不然也古者天子崩則世子委政於冢宰三年成湯既歿太甲聽於伊尹（太甲湯孫）武王既喪成王聽於周公

其義一也

衛孫桓子侵齊遇敗焉桓子孫良夫也侵齊與齊師遇爲齊所敗也齊人乘之新築大夫仲叔于奚以其衆救桓子桓子乃免衛人以邑賞仲叔于奚于奚辭請曲懸之樂諸侯軒懸軒懸闕一面也故謂之曲懸之樂繁纓以朝馬纓當膺以索羣銜以黃金爲飾也許之書在三官司徒書名司馬書服司空書勳也子路仕衛見其政以訪孔子孔子曰惜也不如多與之邑唯器與名不可以假人器禮樂之器名尊之名君之所司也名以出信信以守器器以藏禮有器然後得行

其禮故曰器以藏禮禮以行義義以生利利以平民政之大節也若以假人與人政也政亡則國家從不可止已

公父文伯之母文伯母敬姜也紡績不解文伯諫焉其母曰古者王后親織玄紞紞冠垂者公侯之夫人加之紘綖纓屈而上者謂之紘綖冠之上覆也卿之內子爲大帶卿之妻爲內子命婦成祭服大夫之妻爲命婦列士之妻加之以朝服自庶士已下各衣其夫秋而戒事烝而獻功男女春秋而勤歲事冬烝祭而獻其功也男女紡績愆則有辟績功

也辟法也聖王之制也今我寡也爾又在位朝夕恪勤猶恐亡先人之業況有怠惰其何以避辟孔子聞之曰弟子志之季氏之婦可謂不過矣

樊遲問於孔子曰鮑牽事齊君執政不撓可謂忠矣齊慶尅通於夫人鮑牽知之告國武子武子召慶尅而讓之慶尅召夫人夫人怒國子相靈公以會于諸矦高鮑處守及還將至閉門而索客夫人訴之曰高鮑將不納君遂刖鮑牽之足而君刖之其為至闇乎孔子曰古之士者國有道則盡忠以輔之無道則退身以避之今鮑莊子食於淫

亂之朝不量主之明暗以受大刑是智之不如葵葵猶能衛其足葵傾葉隨日轉故曰衛其足也

季康子欲以一井田出灋賦焉使訪孔子子曰丘弗識也冉有三發卒曰子爲國老待子而行若之何子之不言孔子不對而私於冉有曰求汝來汝弗聞乎先王制土籍田以力田有稅收籍力以治公田也而底其遠近底平平其遠近則十一而中賦里以入而量其有無里廛里有稅度其有無以爲多少之入也任力以夫而議其老幼力作度之事丁夫召其老幼或重或輕於是鰥寡孤疾老者

有軍旅之出則徵之無則已於軍旅之則鰥寡孤疾或有所無軍事則止也其歲收田一井出獲秉缶米芻藁不是過其歲軍旅之歲一把曰秉四黍固稜穗連藁筥不可分故曰步缶十六斗曰庾也先王以為之足君子之行必度於禮施取其厚施以厚為德也事舉其中事以中為節斂從其薄若是其已丘亦足矣立十六井不度於禮而貪冒無厭則雖賦田將有不足且子孫若以行之而取灋則有周公之典在若欲犯灋則茍行之又何訪焉

子游問於孔子曰夫子之極言子產之惠也

可得聞乎孔子曰謂在愛民而已矣子游曰愛民謂之德教何翅施惠哉孔子曰夫子產者猶衆人之母也能食之而不能教也子游曰其事可言乎孔子曰子產以所乘之車濟冬涉是愛而無教也

定公問於孔子曰二三大夫皆勸寡人使隆敬於高年何也孔子對曰君之及此言也將天下實賴之豈唯魯哉公曰何也其義可得聞乎孔子曰昔者有虞氏貴德而尚齒夏后

氏貴爵而尚齒殷人貴富而尚齒（富貴世祿之家）周人貴親而尚齒虞夏殷周天下之上王也未有遺年者焉年者貴於天下久矣次于事親是故朝廷同爵而尚齒七十杖於朝君問則席（君欲問之則為之設席而問焉）八十則不仕朝君問則就之而悌達乎朝廷矣其行也肩而不並（不敢與長者並肩也）不錯則隨（錯鴈行父黨隨行兄黨鴈行也）班白之老不以其任於路（任擔也少者代之也）而悌達乎道路矣居鄉以齒而老窮不匱強不犯弱衆不暴寡而悌達乎州巷矣古

之道五十不爲甸役（五十始老不爲力役之事不爲田獵之徒也）頒禽隆之長者而悌達乎蒐狩矣軍旅五什同齒則尚齒而悌達乎軍旅矣夫聖人之教孝悌發諸朝廷行於道路至于州巷放於蒐狩循于軍旅則衆感以義死之而弗敢犯公曰善哉寡人雖聞之弗能成

哀公問於孔子曰寡人聞東益不祥（東益之宅）信有之乎孔子曰不祥有五而東益不與焉夫損人自益身之不祥棄老而取幼家之不祥

釋賢而任不肖國之不祥老者不教幼者不學俗之不祥聖人伏匿愚者擅權天下不祥不祥有五東益不與焉

孔子適季孫季孫之宰謁曰君使求假於田將與之乎季孫未言孔子曰吾聞之君取於臣謂之取與於臣謂之賜臣取於君謂之假與於君謂之獻季孫色然悟曰吾誠未達此義遂命其宰曰自今已往君有取一切不得復言假也

孔氏家語卷第九

孔氏家語卷第十

王　肅　注

曲禮子貢問第四十二

子貢問於孔子曰晉文公實召天子而使諸侯朝焉晉文公會諸侯于温召襄王且使狩於河陽因使諸侯朝夫子作春秋云天王狩于河陽何也孔子曰以臣召君不可以訓亦書其率諸侯事天子而已

孔子在宋見桓魋自爲石椁三年而不成工匠皆病夫子愀然曰若是其靡也後靡死不如

速朽之愈冉子僕曰禮凶事不豫此何謂也乎夫子曰既死而議謚謚定而卜葬既葬而立廟皆臣子之事非所豫屬也況自爲之哉南宮敬叔以富得罪於定公犇衛衛侯請復之載其寶以朝夫子聞之曰若是其貨也喪不若速貧之愈喪失位也子游侍曰敢問何謂如此孔子曰富而不好禮殃也敬叔以富喪矣而又弗改吾懼其將有後患也敬叔聞之驟如孔氏而後循禮施散焉

孔子在齊齊大旱春饑景公問於孔子曰如之何孔子曰凶年則乘駑馬力役不興馳道不脩（馳道君行之道）祈以幣玉（君所祈請用幣及玉不用牲也）祭事不懸（不作樂也）祀以下牲（當用太牢者用少牢）此則賢君自貶以救民之禮也

孔子適季氏康子晝居內寢孔子問其所疾康子出見之言終孔子退子貢問曰季孫不疾而問諸疾禮與孔子曰夫禮君子不有大故則不宿於外非致齊也非疾也則不晝處

於內是故夜居外雖弔之可也晝居於內雖問其疾可也

孔子爲大司寇國廄焚子退朝而之火所鄉人有自爲火來者則拜之士一大夫再子貢曰敢問何也孔子曰其來者亦相弔之道也吾爲有司故拜之

子貢問曰管仲失於奢晏子失於儉與其俱失也二者孰賢孔子曰管仲鏤簋而朱紘鏤刻而飾之朱紘天子冕之紘旅樹而反坫旅施也樹屏也天子外屏諸侯內屏反坫在兩楹之間人君好

會獻酢禮畢反爵於其上也山節藻梲節栭也刻為山雲梲梁上楹也畫藻文也賢大夫也而難為上晏平仲祀其先祖而豚肩不揜豆言陋小也一狐裘三十年賢大夫也而難為下君子上不僭下下不偪上冉求曰臧文仲知魯國之政立言垂法于今不亡可謂知禮者矣孔子曰昔臧文仲安知禮夏父弗忌逆祀而不止燔柴於竈以祀焉夫竈者老婦之所祭謂祭竈執其功老婦主祭也盛於甕尊於瓶非所祭也故曰禮也者猶體也體不備謂之不成人設之

不當猶不備也

子路問於孔子曰臧武仲率師與邾人戰于狐駘遇敗焉師人多喪而無罰古之道然與孔子曰凡謀人之軍師敗則死之謀人之國邑危則亡之古之道也其君在焉者有詔則無討詔君之教也有君教則臣無討

晉將伐宋使人覘之覘觀也宋陽門之介夫死陽門宋城門也介夫被甲衞門者也司城子罕哭之哀覘者反言於晉侯曰陽門之介夫死而子罕哭之哀民咸悦

宋殆未可伐也孔子聞之曰善哉覘國乎詩云凡民有喪匍匐救之子罕有焉雖非晉國天下其孰能當之（言雖非晉國使天下有強者猶不能當也）是以周任有言曰民悅其愛者弗可敵也

楚伐吳工尹商陽與陳棄疾追吳師及之棄疾曰王事也子手弓而可商陽手弓棄疾曰子射諸射之斃一人韔其弓（韔韜）又及棄疾謂之又斃二人每斃一人輒掩其目止其御曰吾朝不坐燕不與（士卑故也）殺三人亦足以反命

矣孔子聞之曰殺人之中又有禮焉子路怫然進曰人臣之節當君大事唯力所及死而後巳夫子何善此子曰然如汝言也吾取其有不忍殺人之心而已

孔子在衛司徒敬之卒夫子弔焉主人不哀夫子哭不盡聲而退蘧伯玉請曰衛鄙俗不習喪禮煩吾子辱相焉孔子許之掘中霤而浴（室中）毀竈而綴足襲於牀及葬毀宗而躐行（明不復有事於此也綴足不欲解戾矣毀宗廟而出行神位在廟門之外也）出于大門及墓男

子西面婦人東面既封而歸殷道也孔子行
之子游問曰君子行禮不求變俗夫子變之
矣孔子曰非此之謂也喪事則從其質而矣
宣公八年六月辛巳有事于太廟而東門襄
仲卒壬午猶繹（繹祭之明日又祭也）子由見其故以問孔
子曰禮與孔子曰非禮也卿卒不繹
季桓子喪康子練而無衰子游問於孔子曰
既服練服可以除衰乎孔子曰無衰衣者不
以見賓何以除焉

郕人以同母異父之昆弟死將爲之服因顏克而問禮於孔子子曰繼父同居者則異父昆弟從爲之服不同居繼父且猶不服況其子乎

齊師侵魯公叔務人（務人昭公之子）遇人入保負杖而息（遇見也見走辟齊師將入保疲倦加杖於頸上兩手掩之休息者也保縣邑小城也）務人泣曰使之雖病（謂時繇役）任之雖重（謂時賦稅）君子弗能謀士弗能死不可也我則既言之矣敢不勉乎與其隣嬖童汪錡乘往奔敵死焉皆殯魯人欲勿

殤董汪錡問於孔子子曰能執干戈以衛社稷可無殤乎

魯昭公夫人吳孟子卒不赴於諸侯孔子既致仕而往弔焉適于季氏季氏不絰孔子投絰而不拜以季氏無故己亦不成禮子游問曰禮與孔子曰主人未成服則弔者不絰焉禮也

公父穆伯之喪敬姜晝哭文伯之喪晝夜哭孔子曰季氏之婦可謂知禮矣愛而無私上下有章上謂夫下謂子也章別也哭夫晝哭哭子晝夜哭哭夫與子各有別

南宮縚之妻孔子之兄女喪其姑夫子誨之髽曰爾毋從從爾毋扈扈爾從從高也扈扈大也扈言喪者無容飾也蓋榛以爲笄長尺而總八寸總束髮束髮垂爲飾者齊衰之總八寸也

子張有父之喪公明儀相焉問啓顙於孔子孔子曰拜而後啓顙頹乎其順也啓顙而後拜頎乎其至也三年之喪吾從其至者

孔子在衛衛之人有送葬者而夫子觀之曰善哉爲喪乎足以爲法也小子識之子貢問曰夫子何善爾也曰其往也如慕其返也如

疑子貢曰豈若速返而虞哉返葬而祭謂之虞也子曰此

情之至者也小子識之我未之能也

卞人有母死而孺子之泣者孔子曰哀則哀

矣而難繼也夫禮爲可傳也爲可繼也故哭

踊有節而變除有期

孟獻子禫懸而不樂可御而不處內子游問

於孔子曰若是則過禮也孔子曰獻子可謂

加於人一等矣

魯人有朝祥而暮歌者子路笑之孔子曰由

爾責於人終無已夫三年之喪亦已久矣子路出孔子曰又多乎哉又復也言其可以歌不復久也踰月則其善也

子路問於孔子曰傷哉貧也生而無以供養死則無以爲禮也孔子曰啜菽飲水盡其歡心斯謂之孝斂手足形旋葬而無椁旋便稱其財斯謂之禮貧何傷乎

吳延陵季子聘于上國適齊於其返也其長子死於嬴博之間嬴博齊地今泰山縣是也孔子聞之曰延

陵季子吳之習於禮者也往而觀其葬焉其斂以時服而已（隨冬夏之服無所加）其壙掩坎深不至於泉其葬無明器之贈既葬其封廣輪掩坎其高可肘隱也既封則季子左袒右還其封且號者三曰骨肉歸于土命也若魂氣則無所不之無所不之而遂行孔子曰延陵季子之於禮其合矣

子游問喪之具孔子曰稱家之有亡焉子游曰有亡惡乎齊（惡何齊限）孔子曰有也則無過禮

苟亡矣則斂手足形還葬懸棺而封人豈有非之者哉故夫喪亡與其哀不足而禮有餘不若禮不足而哀有餘也祭禮與其敬不足而禮有餘不若禮不足而敬有餘也

伯高死於衛赴於孔子子曰吾惡乎哭諸兄弟吾哭諸廟父之友吾哭諸廟門之外師吾哭之寢朋友吾哭之寢門之外所知吾哭之諸野今於野則已踈於寢則已重夫由賜也而見我吾哭於賜氏遂命子貢爲之主曰爲

爾哭也來者汝拜之知伯高而來者汝勿拜
旣哭使子張往弔焉未至冉求在衞攝束帛
乘馬而以將之孔子聞之曰異哉徒使我不
成禮於伯高者是冉求也

子路有姊之喪可以除之矣而弗除孔子曰
何不除也子路曰吾寡兄弟而弗忍也孔子
曰行道之人皆弗忍先王制禮過之者俯而
就之不至者企而望之子路聞之遂除之伯
魚之喪母也期而猶哭夫子聞之曰誰也門

人曰鯉也孔子曰嘻其甚也非禮也伯魚聞之遂除之

衛公使其大夫求婚於季氏桓子問禮於孔子子曰同姓爲宗有合族之義故繫之以姓而弗別綴之以食而弗殊君有食族人之禮雖親盡不異之族食多少也雖百世婚姻不得通周道然也桓子曰魯衛之先雖寡兄弟今已絶遠矣可乎孔子曰固非禮也夫上祖禰以尊尊之下治子孫以親親之旁治昆弟所以敦睦也此先王不易之教

也
有若問於孔子曰國君之於同姓如之何孔子曰皆有宗道焉故雖國君之尊猶百世不廢其親所以崇愛也雖於族人之親而不敢戚君所以謙也戚親也尊敬君不敢如其親也

子貢問第四十三

子夏問於孔子曰居父母之仇如之何孔子曰寢苫枕干不仕干楯弗與共天下也遇於朝市不返兵而鬬兵常不離於身曰請問居昆弟之仇如

之何孔子曰仕弗與同國御國命而使雖遇之不鬬曰請問從父昆弟之仇如之何曰不爲魁主人能報之則執兵而陪其後

子夏問三年之喪既卒哭金革之事無避禮與初有司爲之乎（有司當職吏也）孔子曰夏后氏之喪三年既殯而致事殷人既葬而致事周人既卒哭而致事（致事還政於君也卒哭止無時之哭大夫三月而葬正月而卒哭士既虞而卒哭也）記曰君子不奪人之親亦不奪故也子夏曰金革之事無避者非與孔子曰吾聞老聃曰魯

公伯禽有爲爲之也伯禽有母喪東方有戎爲不義伯禽爲方伯以不得不誅之今以三年之喪從利者吾弗知也

子夏問於孔子曰記云周公相成王教之以世子之禮有諸孔子曰昔者成王嗣立幼未能莅阼周公攝政而治抗世子之灋於伯禽欲王之知父子君臣之道所以善成王也夫知爲子者然後可以爲父知爲人臣者然後可以爲人君知事人者然後可以使人是故抗世子灋伯禽使成王知父子君臣長幼之

義焉凡君之於世子親則父也尊則君也有
父之親有君之尊然後兼天下而有之不
可不慎也行一物而善者唯世子齒於學之
謂也世子齒於學則國人觀之曰此將君我
而與我齒讓何也曰有父在則禮然然而衆
知父子之道矣其二曰此將君我而與我齒
讓何也曰有臣在則禮然然而衆知君臣之
義矣其三曰此將君我而與我齒讓何也曰
長長也則禮然然而衆知長幼之節矣故父

在斯爲子君在則爲臣居子與臣之位所以尊君而親親也在學學之爲父子焉學之爲君臣焉學之爲長幼焉父子君臣長幼之道得而後國治語曰樂正司業父師司成師有父道成生人者一有元良萬國以貞一謂天子也大善太子也世子之謂聞之曰爲人臣者曰殺其身有益於君則爲之況于其身于鄭氏讀爲迂迂寬也大也以善其君乎周公優爲之

子夏問於孔子曰居君之母與妻之喪如之

何孔子曰居處言語飲食衎爾於喪所則稱其服而已敢問伯母之喪如之何孔子曰伯母叔母踈衰期而踊不絕地姑姊妹之大功踊絕於地若知此者由文矣哉言如禮文意當言姑姊妹而已姊上長姑字也

子夏問於夫子曰凡喪小功已上虞祔練祥之祭皆沐浴於三年之喪子則盡其情矣孔子曰豈徒祭而已哉三年之喪身有瘍則浴首有瘡則沐病則飲酒食肉毀瘠而爲病君子不爲也毀則死者君子爲之且祭之沐浴

爲齊潔也非爲飾也

子夏問於孔子曰客至無所舍而夫子曰生於我乎館客死無所殯夫子曰於我乎殯敢問禮與仁者之心與孔子曰吾聞諸老聃曰館人使若有之惡有有之而不得殯乎夫仁者制禮者也故禮者不可不省也禮不同不異不豐不殺稱其義以爲之宜故曰我戰則剋祭則受福蓋得其道矣

孔子食於季氏食祭主人不辭不食客不飲

而飡子夏問曰禮與孔子曰非禮也從主人
也吾食於少施氏而飽少施氏食我以禮吾
食祭作而辭曰疏食不足祭也吾飡而作辭
曰疏食不敢以傷吾子之性主人不以禮客
不敢盡禮主人盡禮則客不敢不盡禮也
子夏問曰官於大夫既外於公而反爲之服
禮與孔子曰管仲遇盜取二人焉上之爲臣
曰所以遊辟者可人也公許管仲卒桓公使
爲之服官於大夫者爲之服自管仲始也有

君命焉

子貢問居父母喪孔子曰敬爲上哀次之瘠爲下顔色稱情戚容稱服曰請問居兄弟之喪孔子曰則存乎書策矣

子貢問於孔子曰殷人既定而弔於壙周人反哭而弔於家如之何孔子曰反哭之弔也喪之至也反而亡矣失之矣於斯爲甚故弔之死人卒事也殷以慤吾從周殷人既練之明日而祔于祖周人既卒哭之明日而祔于

祖祔祭神之始事也周以戚吾從殷戚猶促也
子貢問曰聞諸晏子少連大連善居喪其有
異稱乎孔子曰父母之喪三日不怠三月不
解期悲哀三年憂東夷之子達於禮者也子
游問曰諸侯之世子喪慈母如母禮與孔子
曰非禮也古者男子外有傅父内有慈母君
命所使教子者也何服之有昔魯孝公少喪
其母其慈母良及其死也公弗忍欲喪之有
司曰禮國君慈母無服今也君爲之服是逆

古之禮而亂國濃也若終行之則有司將書之以示後世無乃不可乎公曰古者天子喪慈母練冠以燕居謂庶子王爲其母也遂練冠以喪慈母喪慈母如母始則魯孝公之爲也

孔子適衛遇舊館人之喪入而哭之哀出使子貢脫驂以贈之子貢曰於所識之喪不能有所贈賻贈於舊館不已多乎孔子曰吾向入哭之遇一哀而出涕吾惡夫涕而無以將之小子行焉

子路問於孔子曰魯大夫練而杖禮與孔子曰吾不知也子路出謂子貢曰吾以爲夫子無所不知夫子亦徒有所不知也子貢曰子所問何哉子路曰止吾將爲子問之遂趨而進曰練而杖禮與孔子曰非禮也子貢出謂子路曰子謂夫子而弗知之乎夫子徒無所不知也子問非也禮居是邦則不非其大夫

叔孫武叔之母死既小斂舉尸者出戶武孫從之出戶乃袒投其冠而括髮子路歎之孔

子曰是禮也子路問曰將小斂則變服今乃出戶而夫子以爲知禮何也孔子曰汝問非也君子不舉人以質事質猶止也

齊晏桓子卒平仲麤衰斬苴絰帶杖以菅屨食粥居傍廬寢苫枕草其老曰非大夫喪父之禮也晏子曰唯卿大夫曾子以問孔子孔子曰晏平仲可謂能遠害矣不以己之是駁人之非遜辭以避咎義也夫記者乃舉人避害之遜以辭而謂大夫士喪父毋有異亦怪也

季平子卒將以君之璵璠斂贈以珠玉孔子初爲中都宰聞之歷級而救焉（歷級遽登階不聚足）曰送而以寶玉是猶曝尸於中原也其示民以姦利之端而有害於死者安用之且孝子不順情以危親忠臣不兆姦以陷君（兆姦爲姦之兆臣也）乃止

孔子之弟子琴張與宗魯友衛齊豹見宗魯於公子孟縶孟縶以爲參乘焉及齊豹將殺孟縶告宗魯使行宗魯曰吾由子而事之今聞難而逃是僭子也（僭不信使子言不信）子行事乎吾將死

以事周子而歸死於公孟可也齊氏用戈擊公孟宗魯以背蔽之斷肱中公孟宗魯皆死琴張聞宗魯死將往弔之孔子曰齊豹之盜孟縶之賊也汝何弔焉君不食姦不受亂不爲利病於回（回邪也不以利故而病於邪也）不以回事人不蓋非義（蓋掩）不犯非禮汝何弔焉琴張乃止

郕人子蒲卒哭之呼滅（舊說以滅子蒲名人少名滅者又哭名其父不近人情疑以孤窮自謂將亡滅也）子游曰若哭其野孔子惡野哭者哭者聞之遂改之

公父文伯卒其妻妾皆行哭失聲敬姜戒之曰吾聞好外者士死之好內者女死之今吾子早夭吾惡其以好內聞也二三婦人之欲供先祀者（言欲留不改嫁供奉先人之祀）請無瘠色無揮涕無拊膺（揮涕不哭流涕以手揮之拊猶撫也膺謂胷也）無哀容無加服有降服從禮而靜是昭吾子也孔子聞之曰女智無若婦男智莫若夫公文氏之婦智矣剖情損禮欲以明其子爲令德也

子路與子羔仕於衛衛有蒯聵之難孔子在

魯聞之曰柴也其來由也死矣既而衛使至
曰子路死焉夫子哭之於中庭有人弔者而
夫子拜之已哭進使者而問故使者曰醢之
矣遂令左右皆覆醢曰吾何忍食此
季桓子死魯大夫朝服而弔子游問於孔子
曰禮乎夫子不荅他日又問夫子曰始死則
矣羔裘玄冠者易之而已汝何疑焉
子罕問於孔子曰始死之設重也何爲孔子
曰重主道也殷主綴重焉綴連也殷人作主而連其重懸諸廟也周

人徹重焉周人作主徹重就所倚處而治請問瘞朝瘞將葬朝於廟而後行焉子曰瘞之朝也順死者之孝心故至於祖考廟而後行殷朝而後殯於祖周朝而後遂葬

孔子之守狗死謂子貢曰路馬死路馬常所乘馬則藏之以帷狗則藏之以蓋汝往埋之吾聞弊帷不棄爲埋馬也弊蓋不棄爲埋狗也今吾貧無蓋於其封也與之席無使其首陷於土焉

公西赤問第四十四

公西赤問於孔子曰大夫以罪免卒其葬也

如之何孔子曰大夫廢其事終身不仕死則葬之以士禮老而致事者死則從其列

公儀仲子嫡子死而立其弟檀弓謂子服伯子曰何居我未之前聞也子服伯子曰仲子亦猶行古人之道昔者文王捨伯邑考（伯邑考文王之長子也言文王亦立子而不立孫也）而立武王微子捨其孫腯立其弟衍子游以問諸孔子子曰否周制立孫

孔子之母既喪將合葬焉曰古者不祔葬爲不忍先死者之復見也詩云死則同穴自周

公已來祔葬矣故衛人之祔也離之有以間焉魯人之祔也合之美夫吾從魯遂合葬於防曰吾聞之古者墓而不墳今丘也東西南北之人不可以弗識也吾見封之若堂者矣堂形四方若高者又見若坊者矣坊形旁殺平上而長又見若覆夏屋者矣又見若斧形者矣吾從斧者焉於是封之崇四尺孔子先反虞門人後雨甚至墓崩脩之而孔子問焉曰爾來何遲對曰防墓崩孔子不應三云孔子泫然而流涕曰吾聞

之古不脩墓及二十五月而祥五日而彈琴不成聲十日過禫而成笙歌孔子大祥二十五月禫而十日踰月而歌

孔子有母之喪既練陽虎弔焉私於孔子曰今季氏將大饗境内之士子聞諸孔子曰丘弗聞也若聞之雖在衰經亦欲與往陽虎曰子謂不然乎季氏饗士不及子也陽虎出曾參問曰語之何謂也孔子曰己則喪服猶應其言示所以不非也孔子衰服陽虎之言犯禮故孔子荅之以示不非其言者也

顔回死魯定公弔焉使人訪於孔子孔子對

曰凡在封內皆臣子也禮君弔其臣外自東
階向尸而哭其恩賜之施不有笇也
原思言於曾子曰夏后氏之送葬也用明器
示民無知也殷人用祭器示民有知也周人
兼而用之示民疑也曾子曰其不然矣夫以
明器鬼器也祭器人器也古之人胡爲而死
其親也子游問於孔子曰之死而致死乎不
仁不可爲也之死而致生乎不智不可爲也
凡爲明器者知喪道矣備物而不可用也是

故竹不成用[謂籩之無緣也]而瓦不成膝[膝鐼]琴瑟張而不平笙竽備而不和有鍾磬而無簨簴[簨簴可以懸鍾磬也]其曰明器神明之也哀哉死者而用生者之器不殆於用殉也[殺人以從死謂之殉]

子游問於孔子曰葬者塗車芻靈自古有之然今人或有偶[偶木人也]是無益於喪孔子曰爲芻靈者善矣爲偶者不仁不殆於用人乎

顏淵之喪既祥顏路饋祥肉於孔子孔子自出而受之入彈琴以散情而後乃食之

孔子嘗奉薦而進（嘗秋祭也）其親也慤（慤親之奉薦也慤質也）其行也趨趨以數（言少威儀）已祭子貢問曰夫子之言祭也濟濟漆漆焉（威儀容止）今夫子之祭無濟濟漆漆何也孔子曰濟濟漆漆者容也遠也（言賓客踈遠之容也）漆漆者以自反（謂安辭之容也）容以遠若容以自反夫何神明之及交必如此則何濟濟漆漆之有反饋樂成進則燕俎序其禮樂備其百官於是君子致其濟濟漆漆焉夫言豈一端而已哉亦各有所當

子路爲季氏宰季氏祭逮昏而奠(逮昏未明)終日不足繼以燭雖有強力之容肅敬之心皆倦怠矣有司跛倚以臨事(跛偏任也)其爲不敬也大矣他日祭子路與焉室事交于戶堂事當于階質明而始行事晏朝而徹(質明平明)孔子聞之曰以此觀之孰爲由也而不知禮

衛莊公之反國改舊制變宗廟易朝市高子皐問於孔子曰周禮繹祭於祊祊在廟門之西前朝而後市今衛君欲其事事一更之如

之何孔子曰繹之於庫門內祊之於東市朝於西方失之矣

季桓子將祭齊三日而二日鐘鼓之音不絕冉有問於孔子子曰孝子之祭也散齊七日慎思其事三日致齋而一用之情一而用之也猶恐其不敬也而二日伐鼓何居焉

公父文伯之母季康子之從祖母康子往焉側門而與之言內皆不踰閾側門於門之側而與之言言不外身不踰門限文伯祭其祖悼子康子與焉悼子文伯始祖進俎而不

受進俎康子而不親授徹俎而不與燕徹俎之後而不與歡燕之坐宗老不具則不繹繹又祭宗老大夫家臣也典祭祀及宗族之事不具不在繹不盡飫則退飫厭神不盡厭飫之禮而去也孔子聞之曰男女之別禮之大經公父氏之婦動中德趣度於禮矣中意之趣合禮之度季康子朝服以縞曾子問於孔子曰禮乎孔子曰諸侯皮弁以告朔然後服之以視朝若此禮者也朝服以縞僣宗禮也孔子惡指斥康子但言諸侯之禮而已而諸侯以皮弁以告朔卒然後朝服以視朝朝服明不用縞

後序

孔子家語者皆當時公卿士大夫及七十二弟子之所諮訪交相對問言語者既而諸弟子各自記其所問焉與論語孝經竝時弟子取其正實而切事者別出爲論語其餘則都集録名之曰孔子家語凡所論辨流判較歸實自夫子本旨也屬文下辭往往頗有浮説煩而不要者亦猶七十二子各共敘述首尾加之潤色其材或有優劣故使之然也孔子既没而微言絕七十二弟子終而大義乖六

國之世儒道分散遊說之士各以巧意而爲枝葉唯孟軻孫卿守其所習當秦昭王時孫卿入秦昭王從之問儒術孫卿以孔子之語及諸國事七十二弟子之言凡百餘篇與之由此秦悉有焉始皇之世李斯焚書而孔子家語與諸子同列故不見滅高祖剋秦悉斂得之皆載於二尺竹簡多有古文字及呂氏專漢取歸藏之其後被誅亡而孔子家語乃散在人間好事亦各以意增損其言故使同

是一事而輒異辭孝景皇帝末年募求天下禮書于時士大夫皆送官得呂氏之所傳孔子家語而與諸國事及七十二子辭妄相錯雜不可得知以付掌書與曲禮衆篇亂簡合而藏之秘府元封之時吾仕京師竊懼先人之典辭將遂泯滅於是因諸公卿士大夫私以人事募求其副悉得之乃以事類相次撰集爲四十四篇又有曾子問禮一篇自別屬曾子問故不復錄其諸弟子書所稱引孔子

之言者本不存乎家語亦以其己自有所傳
也是以皆不取也將來君子不可不鑑
孔安國字子國孔子十二世孫也孔子生伯
魚魚生子思名伋伋常遭困于宋作中庸之
書四十七篇以述聖祖之業授弟子孟軻之
徒數百人年六十二而卒子思生子上名白
年四十七而卒自叔梁紇始出妻及伯魚亦
出妻至子思又出妻故稱孔氏三世出妻子
上生子家名傲後名永年四十五而卒子家

生子直名榼年四十六而卒子直生子高名穿亦著儒家語十二篇名曰讕言年五十七而卒子高生武字子順名微後名斌爲魏文王相年五十七而卒子武生子魚名鮒及子襄名騰子文名祔子魚後名甲子襄以好經書博學畏秦灋峻急乃壁藏其家語孝經尚書及論語於夫子之舊堂壁中子魚爲陳王涉博士太師卒陳下生元路一字元生名育後名隨子文生冣字子產子產後從高祖以

左司馬將軍從韓信破楚於垓下以功封蓼侯年五十三而卒謚曰夷侯長子臧嗣官至太常次子襄字子士後名讓爲孝惠皇帝博士遷長沙王太傅年五十七而卒生季中名貞年五十七而卒生武及子國子國少學詩於申公受尚書於伏生長則博覽經傳問無常師年四十爲諫議大夫遷侍中博士天漢後魯恭王壞夫子故宅得壁中詩書悉以歸子國子國乃考論古今文字撰衆師之義爲

古文論語訓十一篇孝經傳二篇尚書傳五十八篇皆所得壁中科斗本也又集録孔氏家語爲四十四篇既成會值巫蠱事寢不施行子國由博士爲臨淮太守在官六年以病免年六十卒于家其後孝成皇帝詔光禄大夫劉向校定衆書都記録名古今文書論語別録子國孫衍爲博士上書辯之曰臣聞明王不掩人之功大聖不遺人小善所以能其明聖也陛下發明詔諮羣儒集天下書籍無

言不悉命通才大夫校定其義使遐載之文以大著於今日立言之士垂於不朽此則蹈明王之軌遵大聖之風者也雖唐帝之煥然周王之彧彧未若斯之極也故述作之士莫不樂測大倫焉臣祖故臨淮太守安國建仕於孝武皇帝之世以經學爲名以儒雅爲官讚明道義見稱前朝時魯恭王壞孔子故宅得古文科斗尚書孝經論語世人莫有能言者安國爲之今文讀而訓傳其義又撰孔子

家語既畢會值巫蠱事起遂各廢不行于時
然其典雅正實與世所傳者不同日而論也
光禄大夫向以為其時所未施之故尚書則
不記於別録論語則不使名家也臣竊惜之
且百家章句無不畢記況孔子家語古文正
實而疑之哉又戴聖近世小儒以曲禮不足
而乃取孔子家語雜亂者及子思孟軻孫卿
之書以裨益之惣名曰禮記今尚見其已在
禮記者則便除家語之本篇是滅其原而存

其末不亦難乎臣之愚以爲宜如此爲例皆
記録別見故敢冒昧以聞
奏上
天子許之未即論定而遇帝崩向又病亡遂
不果立

孔氏家語卷第十